Eva Demski

# Plunder-
# kammer

Mit Illustrationen von
Nicolas Mahler

Insel Verlag

Erste Auflage 2024
Originalausgabe
© Insel Verlag Anton Kippenberg GmbH & Co. KG, Berlin, 2024
Alle Rechte vorbehalten. Wir behalten uns auch
eine Nutzung des Werks für Text und Data Mining
im Sinne von § 44b UrhG vor.
Umschlaggestaltung: Nicolas Mahler, Wien
Umschlagillustration: Nicolas Mahler, Wien
Druck: Pustet, Regensburg
Printed in Germany
ISBN 978-3-458-64474-3

www.insel-verlag.de

# Plunderkammer

# Die Sache mit den Sachen

Lang habe ich nach einem Wort gesucht, mit dem sich dieses Gefühl, diese Art von neuem Leben beschreiben ließe – *Bleibefreiheit*. Ich hab's in einer Zeitung gelesen, Eva von Redecker sei gedankt – und ja – ja, das war es. Bleibefreiheit bestimmte seit einiger Zeit mein Leben. Erst allmählich habe ich gemerkt, was für ein großes Geschenk sie ist und was man mit ihr alles anfangen kann. Die Freiheit, nirgendwohin wollen zu müssen, war ein Kind der Pandemie, eine Art Bankert, viel schöner als ihre anerkannten Kinder Rücksicht und Vorsicht und Einsicht.

Besser war, man stimmte in die Klagen über die furchtbaren Beschränkungen ein: Wo ist unsere Freiheit? Damit war man aber schnell in etwas anrüchiger Gesellschaft.

In Wahrheit brachte die Bleibefreiheit große Wonnen mit sich: Man musste nichts mehr erleben, bereisen, beurteilen, dem Alter keine Abenteuer mehr abtrotzen, nicht mehr mit der Vorzeigbarkeit anderer konkurrieren. Man musste nicht mehr gesehen werden, dank ihr, der wundersamen, tausend unerwartete Erlebnisse bereithaltenden Bleibefreiheit.

Während viele um ihre digitale Präsenz kämpften und die Welt sich an Pfannkuchengesichter und abirrende Blicke auf dem Bildschirm gewöhnte, kam als eine der größten Überraschungen aber die Sache mit den Sachen in mein Leben.

*Dieses Empfindungsvermögen für die kleinsten Dinge und die sonderbare Unempfindlichkeit für die größten ...* Ich startete in ein Abenteuer, im Sinne Blaise Pascals, das wusste ich aber noch nicht.

Als das sogenannte normale Leben langsam wieder anfing, die Masken gefallen und die Konkurrenzen zurückgekehrt waren, hatte ich längst gelernt, so zu tun, als nähme ich wieder an allem teil.

Warst du dort? Hast du die gehört? Jenen gesehen? Das gelesen?

Das würde ich nachholen, gab ich zur Antwort, und an dem Abend, von dem die Rede sei, sei ich woanders gewesen. Das musste das jeweilige Gegenüber akzeptieren. Es war ja nicht dort gewesen, wo ich behauptete, Unvergessliches gehört und gesehen zu haben. Wie schade. Ja, bestimmt, man würde es nachholen.

Diese Art wundersamer Ortlosigkeit hatte die Pandemie überlebt und erwies sich nun als Sehnsuchtsziel. Gewiss nicht für viele, aber für die anderen war ja wieder gesorgt. Flughäfen voll, Tourismusbranche glücklich, alles gut.

Ohne das neue Xanadu hätte ich mich nicht jener Aufgabe unterziehen können – ja, unterziehen war das richtige Wort, obwohl ich es nicht leiden kann –, die sich mir in der menschenstummen Zeit immer deutlicher gezeigt hatte. Sie waren nicht mehr zu überhören gewesen, meine Sachen, meine alltäglichen, unscheinbaren Besitztümer, und das hatte schon lang vorher begonnen.

Sie wollten nämlich Erzählungen haben, jedes einzelne Ding, und wer sollte die schreiben, wenn nicht ich?

*Wir haben dich jahrelang begleitet, jetzt sind verdammt noch mal wir dran*, sagten Stein, Tasse, Kissen, Löffel, Bild, der ganze nützliche oder auch nur seelisch verwendbare Krempel, der mich umgab. Sie hatten sich in der Stille der Seuche angewöhnt, mich immer vernehmlicher aufzufordern:

*Erzähl mich! Erzähl uns! Sonst bin ich tot, sonst sind wir alle tot, wenn du tot bist! Das geht nicht, das ist gemein und ungerecht! Wir möchten überleben! Das funktioniert nicht ohne Geschichten.*

Ihr seid hier doch nicht im Museum, antwortete ich.

Ich kannte alle Arten von Museen. Manche begruben ihren Kram unter üppigen Erklärungstexten, in einer Art Wissenschaftlerbarocksprache, um dürftige

Dingerchen wurden Wortgirlanden gewunden. In anderen Instituten hatte man ziemlich identische Gegenstände stoisch angehäuft und die sollten durch ihre bloße Menge zu den Besuchern sprechen. Tausend Pfeilspitzen! Dreihundert Tontäfelchen! Na und? Wenn du eins gesehen hast, hast du eigentlich alle gesehen.

Aber im Museum war er eben nicht, mein Kram, und ich begriff, dass offenbar auch Gegenstände Todesangst haben können. Sie gingen mir auf die Nerven mit ihrer Lebensgier und der beharrlichen Behauptung ihrer Einzigartigkeit, die eben keiner sähe, wenn ich nicht von ihr berichtete.

*Das ist schließlich dein Job,* schrie die Schöpfkelle.

Die hässlichste der fünf, die ich besaß. Wozu brauchte ich fünf Schöpfkellen? Ich benutzte ja nicht mal eine.

Die Sachen hörten nicht auf zu rufen, bis in meine traumleeren Nächte hinein. Sie wurden übergriffig, und die kleinsten waren oft die lautesten.

*Weißt du, wie viele Steine es auf Erden gibt?,* plärrte ein kleiner schwarzer Stein. *Und wie viele davon hatte ein echter Troll in der Hand? Einen. Mich.*

Ich verzichtete darauf, zu fragen, woher er das denn wisse mit dem Troll. Ich glaubte nicht einmal an Trolle. Es war mir klar, dass es keiner der Sachen um Geschichte ging, sondern ausschließlich um Geschichten. Und für die war ich nun mal zuständig. Mit schlechtem Gewissen erinnerte ich mich an die zaghaften oder wütenden Stimmen, die mich oft aus Sperrmüllhaufen am Weg erreicht hatten. Schnell weitergehen, nicht hinhören.

Wie lang ich die meinen wohl schon ignoriert hatte, als das Leben noch auf allen Instrumenten spielte, damals, vor dem Stillstand?

Müßig, darüber nachzudenken, müßig auch, zu zählen, die Zinken, Zipfel, Pinselstriche, Holzgriffe und Behältnisse, die alle ihre eigenen Geschichten haben wollten.

Bücher waren nicht dabei, schöne Dinge auch nicht. Die einen hatten ihre eigene Stimme, die anderen ruhten in sich selbst. Sie brauchten mich nicht zum Überleben.

Ein paar von euch, sagte ich zu einem antiken Henkel, dem der Krug fehlte. Ein paar Sachen. Mal sehen, wer wirklich was zu erzählen hat. Alle schaffe ich auf keinen Fall. Strengt euch an! Und keinesfalls alle auf einmal!

# Aufstieg und Fall

Er ist eins, aber in zwei Teilen. Seit Jahren stecken die in einer Tüte, auf dass sie irgendwann mal wieder zusammenkommen können. Es handelt sich um die Bruchstücke eines Tellers, Zwiebelmuster, ordentlich mit den Schwertern untendrauf, zum Wegschmeißen zu schade.

Die Scherben sprechen leise, aber vernehmlich, ihre Stimmen sind kaum zu unterscheiden.

*Uns trifft es doch als Erstes, wenn du hinüber bist. Wer soll uns denn aufheben, wenn ausgemistet wird?*

Interessant. Nach all den Jahren als Trümmerteile empfinden sie sich immer noch als Einheit. Wie bei Familien. Ich verzichte darauf, ihnen zu sagen, dass sich ihre Zusammenführung längst nicht mehr lohnt. Es ist auch schon wieder Jahre her, dass ich im verrufensten Viertel unserer Stadt einen Porzellanheiler ausfindig gemacht hatte, einen Libanesen. Sogar Museen ließen bei ihm arbeiten. Er saß im Vorhof der Hölle, dem Bahnhofsviertel. Sein sauberes Kabuff voll ordentlich sortierter Bruchstücke lag inmitten von Dreck, Spritzen und Hoffnungslosigkeit. Da saß der Meister und fügte Zerstörtes so zusammen, dass es wieder unverletzt aussah. Mit Recht verlangte er dafür sehr viel Geld.

Sorry, das ist er mir nicht wert, sagte ich damals zu ihm. Ich habe noch Dutzende heile von denen, meine Familie dachte mal, sie seien kostbar.

Das ist immer Ansichtssache, sagte der Libanese.

Danach vergaß ich die Scherben in ihrer Tüte wieder, und wenn sie damals nach mir gerufen haben sollten, waren sie viel zu leise. Es gab so viel Wichtigeres im Leben als einen zerbrochenen Teller. Ganz andere Sachen zerbrachen, um die man sich kümmern musste. Wahrscheinlich habe ich die Trümmer nur aufgehoben, weil die Bruchkanten sauber waren, nicht gesplittert. Wenn man sie aneinanderhielt, sah man gar nichts. Das hatte ich aber schon lang nicht mehr gemacht, und nun brachte er sich wieder in Erinnerung, der Blauweiße
in zwei Teilen.

Indessen stand seine unversehrte Verwandtschaft stumm bei mir im Schrank und wartete vergebens auf einen Auftritt. Der letzte war sehr lang her, ich erinnerte mich kaum noch. Sie hofften auf große Braten und viele Kinder am Tisch, auf soßenfleckige Tischtücher, Weihnachtsbäume und satte Seufzer. Alle mit dem berühmten Muster wollten drankommen, auch riesige Platten und Teile, deren Verwendungszweck keiner mehr kannte. Dinger mit zwei Henkeln und durchbrochene Schalen, breite Schaufeln mit Holzgriffen, tausend Schüsselchen für untergegangenes Leben. Die Bühne dafür gab es nicht mehr, das Stück auch nicht. Nur noch die Requisiten, offenbar war der Verunglückte der Einzige von ihnen, den ich hören konnte.

Das ist besser als Aktien, das Zwiebelmuster!, sagten drei Generationen von Frauen aus meiner Familie, wenn sie ihren wachsenden Geschirrbestand begutachteten. Sie wussten durchaus, was Wertzuwachs bedeutete, im Bürgertum, dieser gefährdeten Heimat, war das nicht nur Männersache. Die Männer waren fürs Geld zuständig, aber was war schon Geld? Es ging um die Sachen, die man dafür bekam. Und ihren Wert, der wachsen und wachsen sollte.

Die muss es billig hergeben! Sie braucht das Geld!, sagte meine Großmutter.

Gemeint waren die geretteten Bestände einer Kusine aus dem Osten, jenem legendären Osten, aus dem damals alle rauswollten, mit möglichst vielen von ihren Sachen. Auf der zerbrechlichen Basis von Meissener Porzellan wurden neue Existenzen errichtet. Und bei uns wuchs die Zahl der Teile. Ich kann mich nicht daran erinnern, dass irgendein Stück zerbrochen wäre.

Jetzt lagen die Tellerscherben seit Jahren in ihrer Tüte, ohne dass ich mich erinnern konnte, wie mir das passiert war. Es schien mir lange Zeit unwichtig. Den tiefen Fall ihrer blau-weißen Aktien, nicht nur des einen Tellers, hat meine Mutter nicht mehr erlebt. Sie hätte jeden Glauben verloren, wenn sie mitbekommen hätte, dass das wertvolle Zeug, diesen gehüteten, vermehrten, weitervererbten Schatz niemand mehr haben wollte, Schwerter hin oder her. Und dass es keinen mehr interessierte, ob an irgendeiner Stelle auf der Unterseite ein Pünktchen zu sehen oder die Glasur verwaschen war. Auf Flohmärkten bevölkerten Heerscharen von Porzellanenem die Tapetentische und wurden abends mürrisch und fast vollzählig wieder eingepackt. Wert? Das war einmal.

Wenn ein Stück beim Einpacken runterfiel? Ein Teller, zum Beispiel? Umso besser. Brauchte man ihn nicht wieder mitzunehmen in diese Welt, die nie mehr die seine sein würde. Nur Alte trauerten, man sah bei Nachlassverkäufen ihre fassungslosen Gesichter.

Wäre ich eine Künstlerin, hätte ich meinem zerbrochenen Teller seine unzähligen Verwandten hinterherzertrümmert und ein Objekt daraus gemacht, vielleicht auf den Spuren des verehrten Kaputtfürsten Ai Weiwei. Das war ich aber nicht, auch wenn die Welt schon länger so aussah, als sei es die beste Möglichkeit, wenigen Trümmern viele folgen zu lassen, überall, immer mehr.

Das interessierte die zwei aus der Tüte aber nicht.

*Lass dir endlich was einfallen*, sagten sie, *sonst kommst du vor ein Scherbengericht.*

Ich dachte wieder an den heilmachenden Libanesen im verlorenen Stadtviertel, und plötzlich fiel mir ein Wort aus Kindertagen wieder ein: Glasscherbenviertel. So wurden verrufene Gegenden genannt. Vielleicht hatte der Trümmerdoktor sich deswegen in all dem Dreck und Elend niedergelassen, um die Würde des Kaputten hochzuhalten.

Ich habe da eine Idee, sagte ich zum gefallenen Meissener Teller, zur gefallenen Aktie meiner Mutter, zu all dem Gefallenen.

Es gibt eine Klebetechnik, da macht man Gold zwischen die Bruchkanten. Man klebt die Brüche golden. Man vergoldet die Wunden. Dadurch sieht man sie und sie sind doch weg. Nicht verschwunden. Sie sind das wirklich Wertvolle.

*Klingt nach einer guten Idee,* sagten die Tellertrümmer nach einer Weile etwas herablassend.

Ich wusste nicht, ob der Libanese diese Technik auch beherrschte. Wahrscheinlich. Dann dachte ich an seine Preise und seufzte.

# Vom Glück auf Latschen

*Es ist zehneinhalb Jahre her, dass ich den letzten Schritt gemacht habe*, sagte der linke.

*Elf Jahre!*, meldete sich der rechte.

*Es sind genau elf Jahre, da bin ich sicher. Sie hat uns nach den vierzehn Tagen Khao Lak in den Koffer gepackt, zu Hause wollte sie uns wegschmeißen, weißt du nicht mehr? Sie hat dann einen Heulanfall gekriegt und es gelassen. Seither sind wir hinten im Schrank. Bei diesem furchtbaren alten Teppich und den Stiefeln. Grauenhaft.*

*Ich zittere immer, wenn sie aufräumt*, sagte der linke.

*Macht sie ja Gott sei Dank nicht so oft*, antwortete der rechte seinem Bruder. *Jetzt passiert, glaube ich, auch nichts mehr. Sie werden im Alter ja immer sentimentaler, die Leute. Statt laufen ans Gelaufensein erinnern, that's it.*

Ich hatte sie vor vierzig Jahren bei s.Oliver gekauft, einem wunderbar wuseligen Laden, in dem man bekam, was für unendliche Sommer, unendliche Ferien, unendlichen Spaß, unendliche Liebe gebraucht wurde. Hier lag alles bereit. So auch sie, meine ersten Flip-Flops. Für den Strand, in Knallblau, sie brauchten ja zu nichts zu passen. Dass sie dann zu allem passten, und das in fast allen Weltgegenden, habe ich damals nicht geahnt. Man sollte vielleicht wissen: Ich habe Schuhe nie gemocht. Und jetzt hatte ich durch Zufall die gefunden, das sohlenschonende Fast-Barfuß. Alle halbherzigen Sandalen und Ballerinas, Espadrilles und Riemchenfolterdinger verschwanden allmählich, und meine Gummistrandlatschen erwiesen sich sogar zum Abendkleid kompatibel. Nicht mal aus den Lobbys manch eines Luxushotels wurde ich mit ihnen rausgeschmissen. Wenn jemand komisch auf meine Füße

guckte, machte ich dieses Das-trägt-man-jetzt-so-Gesicht. Das klappte gut.

Bald trug ich sie immer, Strand und Pflaster, Urwald und Steppe, Großstadt und Nirgendwo, immer, immer. Und es gab nur diese. Ich wäre nicht auf die Idee gekommen, mir ein neues oder feineres Paar zu kaufen.

*Wofür auch?*, sagten die beiden müden alten Latschen in meinem Schrank. *Mit uns hattest du doch alles, was du brauchtest. Erinnerst du dich, wie dein Typ sich immer über uns aufgeregt hat?*

O ja, ich erinnerte mich gut daran und wurde melancholisch. Das hatten mir die beiden vorausgesagt. Erinnern statt laufen.

Es war das Geräusch, das ihn wahnsinnig machte. Das unvermeidliche, weltdurchmessende, nicht enden wollende *Schlappschlapp*, das unsere gemeinsamen Wege begleitete. Der Typ, wie sie ihn nannten, hatte alles geliebt, die Welt, die gemeinsamen Wege, all das Wunderbare und Erschreckende, was sie einem zeigte, und mich – aber nicht das Geräusch, das meine Füße und ihre beiden Begleiter erzeugten.

Ich schlappte durch Dome und Schlösser, das Schlappschlapp ließ mich im Dschungel hörbar sein, wenn ich außer Sichtweite war –

Wie soll man denn bei dem Radau Tiere beobachten können?

Flipfloppen war die Begleitmusik einer jahrzehntelangen Lebenswanderung.

Gott, ist das peinlich!, sagte mein Typ in Versailles.

Ich kann in nichts anderem laufen, antwortete ich störrisch.

Und ich lief, vom frühen Frühjahr bis in den späten Herbst hinein. Ich lief die ganze Fifth Avenue rauf und runter, ich lief durch die Labyrinthe der Istanbuler Basare und durch die Mangrovenwälder Brasiliens. *Schlappschlapp.* Im heimischen Winter wurden meine Strecken sehr kurz und meine Laune finster, bis ich sie wieder rausholen konnte, meine langsam verbleichenden Freunde. Als der Knopf für den Riemen unter der rechten Sohle endgültig verrottet war, konstruierte ich aus einem Bierflaschengummi Ersatz.

*Die Prothese hab ich heute noch,* beschwerte sich der rechte Schlappen bei mir, und der linke sagte, *mit links war sie eben vorsichtiger.*

Da waren sie nun, nach Jahren der Bewegungslosigkeit, die ihnen nicht gutgetan hatten. Ihr Blau war mitleiderregend verblichen, so ein Uralte-Augen-Blau, eigentlich eher dreckig grau, aber das sagte ich ihnen nicht. Sie wussten es ja selber. Der Gummi war bröselig geworden. Vielleicht wären mehr gemeinsame Jahre und Wege für uns alle besser gewesen, für sie, meine Füße und mich.

Wegen euch bin ich damals vor elf Jahren auf die Schnauze gefallen, sagte ich verbittert.

*War nicht unsere Schuld!*, antworteten beide gleichzeitig.

Ach, ich wusste es ja. Die Sache war viel komplizierter. Lebenspläne versickerten und endeten schließlich, Hoffnungen wurden verschoben, wieder und wieder, bis sie vertrockneten. Ich konnte nicht mehr vorläufig leben, *schlappschlapp* in die Tage und Nächte und in die Welt hinein. Es war vorbei. Das Leben verlangte anderes Schuhwerk, das keinen Lärm machte. Sicheren Halt gab. Den hatte ich nie gewollt.

Was sollte aus ihnen werden, aus meinen arbeitslosen Flip-Flops?

Ich hatte keine Ahnung. Jedenfalls war hier ihre Geschichte. Sie würden also nicht sterben.

Bis zum nächsten Mal, sagte ich und schloss den Schrank.

# Diebin aus Liebe

Mit ihnen, den tönernen Henkeln und Henkelchen, hatte es angefangen, das Zuhören. Jedenfalls glaube ich das, denn ich überlegte schon länger, welche Sprachen sie benutzten, wenn sie unter sich waren. Lateinisch, Türkisch? Einen merkwürdigen altgriechischen Dialekt, den auch die allmählich aussterbenden Altphilologen nicht konnten?

*Ich bin geklaut!*, hätte jeder Henkel in seiner Sprache gesagt.

Seit einiger Zeit verstand ich sie. Nicht nur, wenn ich sie in die Hand nahm, zum Abstauben oder um sie ein wenig anders hinzulegen, meine nutzlose Habe. Einst war es nur darum gegangen, sie zu besitzen, die Überreste aus alter Zeit. Den ersten stahl ich als Sechzehnjährige von einem Schutthaufen in Pompeji. Ich begriff damals nicht, wie man etwas Wunderbares wie solche Trümmer einfach rumliegen lassen konnte in dieser gluthitzigen Einsamkeit. Die waren doch dabei gewesen, bei der großen Katastrophe, die wir hier besser als im Lateinbuch verstehen sollten, das Ziel einer Bildungsreise von verlegenen Schulkindern samt ihren ebenso verlegenen

Lehrern. Wir sollten wohl lernen, dass irgendwann Wirklichkeit gewesen war, was in unseren Büchern stand. Pompeji hatte es wirklich gegeben, es war wirklich untergegangen, und wie es schien, scherte sich niemand um die Reste.

Über die Kostbarkeiten war stacheliges Zeug gewachsen.

Während unsere Lehrer in einem antiken Haus verschwanden und dabei albern giggelten, mussten wir draußen in der Hitze bleiben und uns langweilen.

Mein Henkel steckte zwischen unzähligen Scherben, manche waren farbig glasiert, aber schon seit sehr langer Zeit war da nichts bewegt worden.

*Rette mich! Ich will's dir lohnen!*

Keiner sah es, als ich ihn in meine Tasche steckte, ein anmutig geschwungenes, blassrosa gebleichtes Stück Ton, ich musste an die Hand denken, die ihn einst gehalten haben mochte. Damit begann der Zauber, der mich nie mehr losließ.

Nach einer gewissen Zeit kamen unsere Lehrer mit roten Gesichtern wieder aus dem Haus, in das wir nicht mitgedurft hatten. Sie schienen nicht zu wissen, wie sie dreinschauen sollten. Was man ihnen gezeigt hatte, gehörte irgendwie zu ihrem Altsprachlerhochmut, erschien ihnen als deutschen Provinzlern aber andererseits fürchterlich unanständig.

Die Fresken sind nur für Erwachsene! Keine Frauen, keine Kinder!

So ging der Spruch. Jahrzehnte später sah ich die Fresken selber, verstand und musste sehr lachen.

Womit wir uns die Zeit vertrieben hatten, fragte niemand. Ich berührte den rauen Henkel in meiner Tasche und freute mich. Ein besonderes Stück Pompeji hatte ich mir genommen, es war jetzt meins. Natürlich wusste ich: Auch an diesem fernen, damals noch wilden und wenig besuchten Ort durfte man das nicht, es war streng verboten.

Wenn das jeder täte!

Damit wurde man von Blumen, Kirschen an Bäumen hinter Zäunen, teuren Häusern und anderen schönen Sachen am Wegesrand ferngehalten. Nur schau-

en! Nichts mitnehmen! Wenn das jeder haben wollte! Wo kämen wir da hin!

Ja, wo kämen wir hin? Ich habe es bis heute nicht herausgefunden.

Es sollte nicht das letzte Mal sein, dass ich mir widerrechtlich etwas Antikes aneignete. Warum ich meistens Henkel klaute? Vielleicht weil sie mich so sehr an die Hände von einst erinnerten. Nicht, dass sie mir von denen erzählt hätten, das musste ich mir schon selber ausdenken, ich, die Diebin.

Abfälle glorreicher Zeiten fanden sich meist im Nirgendwo, weit weg von offiziellen Sehenswürdigkeiten. Auch in Pompeji war damals, zur Zeit meines ersten Diebstahls, nicht viel los. Das hat sich geändert, aber in Rumänien, am Schwarzen Meer, in der unwegsamen Türkei abseits der Strände und in Griechenland gibt es wunderbare Fundorte, an denen niemand sucht. Bis man dann zufällig dort landet, mehr oder weniger allein, und einen dieses unvergleichliche Entdeckergefühl packt. *Packt und schüttelt wie die Eichen im Gebirg,* beschreibt es Sappho. Sie meint die Liebe. Und die war es ja dann auch, immer wieder, angesichts der Trümmer. Jene, die ich an vielen Orten, nicht nur in Europa, gefunden habe, waren nicht für *sehenswürdig* gehalten worden und damit nicht für *liebenswürdig.*

Das war natürlich immer meine Ausrede für den Diebstahl. Ich liebte. Ich hatte etwas aus dem vergessenen Schutt ausgesucht, eben Henkel, ich liebte das besondere Stück und nahm es mit.

Wenn das jeder machen würde.

Da, wo ich fündig wurde, hielten keine Busse und stand kein Hotel, man konnte sich im Nichts herumtreiben, so lang man wollte, niemand war da, der zur Weiterreise aufrief, weil ja noch so viele *Sehenswürdigkeiten* warteten. Ich machte sie mir selber, illegal, ja. Oft waren es Zufälle, die mich an solche Orte brachten. Und während die wenigen Menschen, die dabei waren und mit denen ich beruflich unterwegs war, nach einer Autowerkstatt oder einer Kneipe suchten, schaute ich nach überwachsenen Hügeln, die nach Scherben aussahen.

Manche, mit denen ich öfter unterwegs gewesen war, kannten das schon.

Jetzt sucht sie wieder nach Troja, hatte mein Kameramann Rolf gesagt.

Aber darum ging es mir nicht. Bloß nichts Großes, Epochales! Nur ein kleines Zeugnis, etwas Greifbares, das zu mir sprach und das nur ich verstand. Etwas, das vor vielen hundert Jahren eine Hand gehalten hatte.

Deswegen liebe ich den kleinen Henkel aus Skala

Eressou am meisten. Als wollten sie angeben mit der Verachtung ihres Schatzes, hatten die Leute von Sapphos Insel ihren heiligen Trümmerhügel direkt vor die Kirche geschüttet, da ist das heidnische Zeug, schienen sie zu sagen, da liegt es.

Längst hatte ich mir eine unauffällige Suchtechnik angeeignet. Auch wenn sich keiner dafür zu interessieren schien: Ich raubte, ich tat etwas Verbotenes, das war mir klar. Die Zeiten, in denen man das offen und mit gutem Gewissen tat, waren schließlich noch nicht lang her. Die feierlichen Rückgaben von kostbarem Raubgut würden häufiger werden.

Er schien damals auf mich gewartet zu haben, der stämmige kleine Tonhenkel, an dem noch ein Stückchen Krug war. Griffbereit lag er da, nah am Kircheneingang.

Sapphos Hand?

Um nichts in der Welt gäbe ich ihn zurück.

# Die Verwandlung

*Komm nicht auf die Idee, mich von der Wand zu nehmen, sagt sie. Wenn du das tust, bin ich endgültig hinüber. Du musst dir etwas für mich ausdenken, für die Zeit, wenn du selber hinüber bist. Sonst bin ich schneller weg, als du ahnst. Mach mich wertvoll.*

Dabei ist sie das sowieso, oder sie war es. In fernen Zeiten. Das wenige, was ich über sie weiß, reicht für eine Menge Geschichten. Ich traue mich schon kaum mehr, sie nur abzustauben.

Sie – das ist eine Gitarre, jedenfalls soll sie eine sein, obwohl sie nicht ganz wie eine aussieht. An ihrem jetzigen Platz hängt sie seit Jahrzehnten, lediglich während zweier Renovierungen musste sie, in Handtücher gewickelt, in einem Schrank ausharren. Das hat sie nicht gut vertragen. Ganz selten stupse ich eine ihrer Saiten an, um zu hören, ob sie noch singen kann. Es kommt bei jeder Saite nur ein erschöpftes *Plong*, bei allen fast in der gleichen Tonhöhe.

*Es geht noch, aber mach das nicht so oft.*

Stimmen kann man sie schon lange nicht mehr. Spielen? Wann mag sie das letzte Mal gespielt worden sein?

Einst war sie ein Klavier. Ja, ein Klavier, und wenn man sie genau anschaut, kann man dessen Spuren noch erkennen. Das schöne, schwarze Holz, die Bünde sind aus Klaviertasten gemacht, aus den weißen, auch die Stimmwirbel. Und Saiten hat so ein Klavier genug, um sechs passende für eine Gitarre zu finden.

Als es verwandelt wurde, das ausgediente Klavier, war der Krieg gerade zu Ende. Ein junger Kriegsgefangener hatte es in Tennessee gefunden, und er sah, dass es wie er aus Deutschland kam. Aber von dem Ding war keine Musik mehr zu erwarten, es war zu kaputt. Selbst der junge Gefangene hätte ihm nichts mehr entlocken können, dabei spielte
er gut. Dann

würde er sich halt was anderes zum Musikmachen suchen – vielleicht eine Gitarre? Der Gefangene war dreiundzwanzig Jahre alt, schwarzhaarig und dünn. Auf der anderen Seite der Welt hatte er eine kaum zwanzigjährige Frau und, soweit er wusste, ein Kind.

Was ihm außer der Klavierleiche zur Verfügung stand, war Zeit. Wie viel, wusste er nicht, aber ihm schien es ausgeschlossen, je wieder freizukommen. Sie hatten ihnen nach der Gefangennahme Filme von Lagerbefreiungen in Europa gezeigt.

Musik würde ihm helfen, da war er sicher. Also machte er sich sorgfältig und geduldig an die Verwandlung. Ob ihm das Instrument, das er nun ausweidete, leidtat? Vertraut muss es ihm gewesen sein, er hatte als Kind viel Zeit mit seinem Vater verbracht, der war Vertreter für Klaviere gewesen, im Fränkischen. *Steingraeber und Söhne* hieß die Firma in Bayreuth. Hat der junge Gefangene diese Dinger geliebt oder doch gehasst? Weil er den Kunden als sogenanntes Wunderkind vorspielen musste, damit sie eins kauften? Vielleicht rächte er sich jetzt für das Vorgeführtwerden in ärmlichen, dunklen Wirtshäusern, indem er eins auseinanderriss?

Ich sehe die ausgediente Gitarre an meiner Wand

und möchte nicht, dass sie verlorengeht. Ein zweites Leben, wie für das Klavier von einst in den Weiten Tennessees, würde es für sie nicht geben. Dazu war sie schon seit langem viel zu fragil.

Einen Fehler hat der geduldige und geschickte Instrumentenbauer bei seinem Bau gemacht – statt einer Griffaussparung, wie üblich, hat sie zwei. Da hat er sich versägt, aber für mich sieht es aus, als sei das so gewollt. Wie penibel die Schalllöcher gefertigt sind, makellos ausgeschnitten, sauber abgerundet, fein geschliffen. Das Schwarz leuchtet noch nach all den Jahren, nur die Verleimung der Gitarre wird nicht mehr lang standhalten.

Wie mochte das Klavier ausgerechnet nach Tennessee gekommen sein? Und wann? Wahrscheinlich vor dem Ersten Weltkrieg, da wurden viele deutsche Instrumente nach Amerika geschafft – Kneipenbesitzer, große Künstler, Auswanderer, höhere Töchter brauchten welche. Welche Vorbesitzerinnen und Vorbesitzer es wohl hatte, bis es nach dem Zweiten Krieg fast tot vor dem Gefangenenlager in Tennessee gelandet war? Wer immer es auch war, spielte keine Rolle mehr, sie waren unsichtbar, verwandelt. Das Klavier und mit ihm seine Geister wurden unwiderruflich zu etwas anderem. Und die Gitarre gehörte jetzt ihm, mit jedem Schritt hin zu ihrer Vollendung mehr. Elfenbeinkäntchen an den Ecken. Muster in den Stegen.

Gewiss hat er sie immer mal wieder zwischendurch gespielt, seine Mitgefangenen und sicher auch die amerikanischen Bewacher hörten zu. Tennessee, das Musikland, es hatte die meisten aus Deutschland mitgebrachten Lieder zum Verstummen gebracht. Der junge Gefangene mit seiner immer schöner werdenden Gitarre lernte die neuen Lieder leicht und dankbar.

Jemand, Bewacher oder Bewachter, muss ihm einen Ring aus Silber gegeben haben. Vielleicht war es auch ein Löffel. Jedenfalls machte er daraus zwei liebevoll verschnörkelte Buchstaben, seine Initialen. Er hat sicher lang herumprobiert, ehe er sie mitten zwischen den Stimmwirbeln ganz oben am Hals seiner Gitarre anbrachte. Hübsch versetzt, das R und das K. Die sind längst schwarz geworden, putzen kann ich sie nicht mehr, da würde das Ding auseinanderfallen.

Irgendwann war die Aneignung gelungen und die Verwandlung vollzogen.

Ende 1947 ließen die Amerikaner die Gefangenen aus dem Lager in Tennessee frei. Er nahm seine Gitarre und machte sich auf den langen Heimweg.

Mein Vater.

# Auf eine Lampe

*Ein Kunstgebild der echten Art. / Wer achtet sein?*
*Hätte ich nicht besser ausdrücken können*, sagt meine Lampe verbittert. *Hauptsache, man macht Licht. Wen kümmert schon Aussehen und Herkunft?*

Jahrzehntelang hatten Petroleumlampen in Kellern und auf Dachböden gestanden, dann wurden sie vor vielen Jahren plötzlich *Trend*. Wir wollten alle Petroleumlampen haben, natürlich elektrifiziert. Sämtliche Keller und Speicher wurden nach ihnen abgesucht, man fand sie auf Bauernhöfen und in Großbürgerhäusern, in den Dörfern und in den Städten. Wenn man Glück hatte, waren sogar Schirm und Strumpf noch heil. Wenn nicht: Der Handel hatte sich auf die neue Lampenmode eingestellt, es gab die Schirme neu, in vielen Größen, grün und weiß. Glühbirnen, die durch die engen Glasstrümpfe passten und Warmlicht versprachen, gab es auch. Man machte sich die Vergangenheit passend. Ich habe meine Lampe immer noch, mit weißem Schirm. Es ist der dritte. Trend sind sie nun schon lang nicht mehr, und das Zubehör ist schwierig zu finden.

*Elektrifiziert! Die reinste Folter. Man hat uns gewalt-*

*sam Fassungen in den Schlund gerammt und Löcher für Kabel gebohrt. Wer wir waren, hat niemanden interessiert. Und ob wir überhaupt in die Neuzeit wollten, aus dem Schlaf gerissen, nur um falsch zu leuchten –*

Wenigstens lässt sich die Geschichte meiner Lampe weiter zurückverfolgen als bis zu einem beliebigen Flohmarkt. Sie kommt aus der Familie. Regensburger Dachböden waren ein eigener Kontinent, auf dem sich vermeintlich Unbrauchbares so lang die Zeit vertrieb, bis irgendeine Wiederentdeckung kam und es ins Leben zurückholte. Es gab ein Urvertrauen zum Gerümpel. Eine Gewissheit, dass der Kram irgendwem gefallen würde, irgendwann, später. Am selben Ort. Biedermeier kam unters Dach,

weil Jugendstil sich in der Wohnung breitmachte, dann ging's wieder retour.

Heute werden Trödelsendungen gern gesehen, die haben aber mit der Gemächlichkeit des Sachenwechsels nichts zu tun. Vielleicht mit einer vagen Sehnsucht danach? Als kleine Trotzreaktion auf die praktikablen und verwechselbaren Angebote der einschlägigen Möbelhäuser? In Trödelsendungen geht's nur darum, wie man Zeug schnell und profitabel auf Nimmerwiedersehen loswird. Bloß keine Liebe.

An meiner Lampe kann ich sehen, wie schmerzhaft ihre Wiedergeburt gewesen sein muss. Da wurde hier aufgebogen und dort zurechtgefeilt, und wie das Licht ausgesehen haben mag, für das sie einst gemacht worden war, weiß ich gar nicht.

*Wir hätten gestunken, wird behauptet! Dabei haben wir geduftet, nach Arbeit und Ruhe gleichzeitig, das muss man erst mal schaffen.* »*Eine flackernde Lampe, ein Phantom, ein Traum!*« *China, sechstes Jahrhundert, du Ignorantin. Die hatten noch Sinn fürs echte Leuchten. Kein Osram oder wie das heißt.*

Sie fühlt sich missachtet. Sie wird nicht mehr bewundert, keiner stellt mehr Fragen nach ihrer Herkunft, sie ist aus meiner fernen Jugend übriggeblieben, in der altes Zeug geliebt wurde. Sie ahnt wohl, dass es für sie im Notfall keinen neuen Glasschirm mehr geben wird. Putzen könnte ich sie mal wieder, aber dann fiele sie auf, glänzend und völlig aus der Mode.

Sie weiß wohl, dass es ihre alte Heimat, ihren Regensburger Dachboden, nicht mehr gibt. Der war dann doch nicht so ewig gewesen, wie ich, und nicht nur ich, geglaubt hatte. Wo seit Jahrhunderten die Generationen Sachen weitergereicht, aussortiert, wiedergefunden, wieder weitergereicht hatten, alle unter demselben alten Dach, von Kriegen berührt, aber nicht vertrieben, war das Ende der Ewigkeit ausgerechnet einem Investor gelungen. Der machte aus dem Speicher und dem ganzen riesigen Rest Wohnungen, kleine und mittlere. Was eben gebraucht wird. WLAN, nicht Sentimentalität und alter Krempel. Ob der Mann mutig oder ignorant oder beides gewesen ist, spielt keine Rolle. Meine Lampe ist eine Überlebende. Was sonst noch gerettet worden ist, weiß ich nicht.

Bald wird sich keiner mehr an all die schönen, nutzlosen, sperrigen Dinge erinnern, so handlich wie meine Lampe war ja nicht alles. Betten wie Burgen, vier Meter hohe Schränke, Hunderte Gläser, von denen nie eins eine Spülmaschine von innen gesehen hat. Und das Licht? Elektrifizierte Kirchenleuchter, elektrifizierte Kristalllüster, mein Lämpchen wäre den Vorfahren fürs Wohnzimmer viel zu schäbig gewesen. Das mit dem Elektrifizieren hatte einst zu allerhand Zimmerbränden geführt, mit echten Kerzen konnten sie wohl besser umgehen. Aber man ging mit der Zeit. Nur eben langsam und ein bisschen ungeschickt.

Mein Onkel hatte mich gefragt, ob ich auch so ein Ding wolle? Sie hatten ihm beim Stammtisch von den verrückten jungen Leuten erzählt, die jetzt alle solche Lampen haben wollten. Er hatte sein ganzes Leben zwischen alten Sachen verbracht und konnte nicht verstehen, dass das *was Besonderes* sein sollte. Eine Petroleumlampe war schon gar nichts Besonderes, aber von irgendwann und irgendwem war sie übriggeblieben. Wie alles, was er kannte. Er konnte sich nicht vorstellen, dass ein anderes Leben mit den weitergereichten Dingen möglich war. Er war selber mit mir auf den Speicher gegangen. Das hat er in seinem langen Leben selten getan.

*Du hättest mich ruhig original lassen können,* sagt sie.

Dann hättest du kein Licht gehabt, sage ich. Eine dunkle Lampe, das ist doch ein Widerspruch.

*Als dunkle Lampe hatte ich die beste Zeit.*

Sie verzeiht mir nicht. Sie begreift nicht, dass ich sie über Alter, trügerische neue Jugend, Mode und

Trend hinübergerettet habe, dass ich ihr treu geblieben bin.
 Aber sie leuchtet.

# Keinen Löffel weglegen

Sie stehen in einem angeschlagenen bunten Krug, ein hölzerner Strauß links neben der Herdplatte. Kochlöffel. Ich habe meines Wissens nie einen gekauft, irgendwie waren sie da, wer macht eigentlich Kochlöffel?

*Arme Leute, wer sonst?*

Ich weiß nicht, welcher von ihnen das gesagt hat. Viel Arbeit haben sie bei mir nicht mehr, manche von ihnen waren wohl seit Jahren in keinem Topf, keiner Pfanne mehr unterwegs. Es ist wie mit so vielen Sachen: Man hat sie dutzendfach und braucht am Ende doch nur wenige. Der Rest schläft, ergibt sich in sein Schicksal, wartet ab. Worauf? Mir das auszudenken, habe ich keine Lust.

*Wir beschweren uns nicht. Alles soll bleiben, wie es ist.*

Das war der Älteste von ihnen, jedenfalls denke ich das. Früher war er mal dunkelbraun, Tropenholz. Jetzt ist er bleich, dünn und abgewetzt, oben am Kopf fehlt ihm ein Stück. Das ist vor langer Zeit rausgebrochen, und ich hatte es damals nicht fertiggebracht, ihn wegzuschmeißen. Er tat mir leid.

Ursprünglich gab es noch ein Gegenstück zu ihm –

eine Holzgabel. Die beiden dienten als Salatbesteck und waren ein Mitbringsel aus Indien, von einer befreundeten Stewardess. Auch eine gemeinsame Wohnung hatten sie, eine Teakholzschüssel. Schüssel zerbrochen, Gabel weg, übrig war der schadhafte Witwer.

Er teilt sich jetzt mit meinen einheimischen Fichtenholzlöffeln den Wohnort. Vielleicht fühlt er sich wie ein orientalischer Fürst, den ein böses Schicksal in einem Altersheim für bayrische Bauern hat landen lassen.

*Fichtenholz?*, sagt einer, der bisher geschwiegen und den ich kein einziges Mal in der Hand gehalten habe.

*Ich bin aus Buche!*

Ich würde ihn gern fragen, warum er ein Loch in der Mitte hat und was man ursprünglich mit ihm hat umrühren wollen, aber ich traue mich nicht. Es wäre wahrscheinlich eine neue Kränkung nach unzähligen anderen, die ich gar nicht mitgekriegt habe.

*Du hast keine Ahnung, wozu ich tauge, sagt er. Du mit deiner Waschmaschine. Wenn du Wäsche kochen würdest, wie es sich gehört, wüsstest du es. Aber das hast du in deinem ganzen Leben nicht gemacht, meinen lieben Waschtopf hast du zum Suppentopf degradiert. Und als die großen Suppen nicht mehr gefragt waren, hast du ihn ausgesetzt. Waschtopf, laugenfest, hat draufgestanden. Warum hast du mich nicht mit ihm vor die Tür gesetzt? Warum muss ich in deiner blöden Küche mit diesen blöden Hobbyrührern rumstehen? Und das mit einem ewigen Blick auf diese – Waschmaschine ...*

Ich konnte seinen Zorn förmlich spüren. Was sollte ich tun? Ihm eine ewige Ruhe in einer kühlen, dunklen Schublade gönnen, in der er seinen Erinnerungen an sauber gekochte Unterhosen und Geschirrhandtücher nachhängen konnte? Ich hatte ja nicht einmal einen vernünftigen Ersatzjob für ihn, Marmelade oder so was. Dafür wäre es nach all den Jahren auch viel zu spät. Ich grübelte, wie er eigentlich in meiner Küche gelandet war. Und woher? Wer hatte in aller Welt noch Wäsche in einem Topf gekocht? Der laugenfeste Waschtopf war schon bei meiner Mutter ausschließlich für Suppe verwendet worden, da erinnerte er sich nicht mehr richtig, der Löffel mit dem Loch. Aus Buche.

Die anderen flüsterten untereinander, ich konnte sie nur schwer verstehen.

*Es ist immer das Gleiche – die Fichtenhölzernen machen die Arbeit, und die anderen machen sich wichtig.*

Wahrhaftig, ein verachtetes Holz, man ließ ja schon seit langem keine gute Nadel mehr an der Fichte. Borkenkäfer, Klimawandel, Brandgefahr – an allem waren die Armeleutebäume schuld, und ich versuchte mir vorzustellen, wie es gewesen sein mochte, als man sie noch liebte. Den Geruch ihrer Scheite, die nicht so teuer waren wie die Harthölzernen, ihre Verlässlichkeit. Weihnachtsbäume hatten sie auch hergegeben, und ebendie Löffel, die man schnitzte, als es noch kein Fernsehen und lange Winter gab. Es machte mir ein schlechtes Gewissen, das hölzerne Bündel. Lauter Einsame, die keine Funktion mehr hatten auf Erden.

*Ohne uns geht es aber nicht,* meinten zwei kleinere fröhlich.

*Womit wolltest du denn dein Dosensüppchen umrühren oder dein Ei?*

*Und vielleicht brauchst du die anderen auch mal wieder.*

*Wir sind das Warten gewohnt, und so schlecht ist es hier gar nicht. Die Tauben fliegen am Fenster vorbei, und man hört deine Nachbarn reden. Und die Kinder. Das ist schön.*

Ich koche mal wieder was Richtiges, sage ich. Versprochen. Keine Wäsche! Wir finden etwas, wo alle mitmachen können.

Ich habe keine Ahnung, was das sein sollte. Aber Hoffnung braucht schließlich jedes Wesen, auch ein Löffel.

# Blicke

*Keiner sieht mich*, sagt die Lupe.

Dafür bist du auch nicht da, sage ich. Man schaut durch dich durch, nicht dich an!

*Das ist es ja,* antwortet sie mir nach einiger Zeit. *Wir waren damals viele bei ihm, und keiner hat uns angeschaut, auch er nicht. Überall lagen welche von uns herum. Warum hast du eigentlich ausgerechnet mich mitgenommen? Da gab es teurere, auch eine Lupe kann schließlich sehen.*

Die Wahrheit kann ich ihr auf keinen Fall zumuten, nämlich, dass ich damals das Wertloseste mitnehmen wollte, was ich dort in dieser Villa finden konnte. Ein reicher Dichter – eine sehr seltene Spezies – war mit siebenundsiebzig Jahren gestorben und hatte testamentarisch verfügt, dass ein Dutzend seiner Bekannten sich aus dem Nachlass eine Erinnerung aussuchen durften. Ich gehörte zu den Begünstigten, obwohl ich viel jünger und aus vielen Gründen nicht recht passend war. Er war eine Art bürgerlicher Fürst, der Dichter. Immer makellose Dreireiher, Ehrenlegionsbändchen, Personal. Zum ersten Mal sah ich seine Pariser Hofhaltung Mitte der Siebziger und war sehr beeindruckt. Die Münchener Villa lernte ich erst viel später kennen.

Politisch war er ein kluger und weitsichtiger Mann; schon Jahre vor der Barbarei hatte der Rheinländer Frankreich als zweite Heimat gewählt. Die Barbaren kamen ihm dann nach, er konnte sich ihnen ohne Kollaboration entziehen.

Geschrieben hat er aber immer in seiner Muttersprache, Stücke und Romane mit überraschend politischen Inhalten. Nichts mit Innerlichkeit. Die war ihm mehr als suspekt.

Sein umfangreiches Erbe bestand aus einem Haufen kostbaren Zeugs, zwei fast identischen Bibliotheken in München und Paris. Außer den Büchern, die er alle extra elegant hatte binden lassen, gab es Bilder, Plastiken, teure Möbel und nicht zuletzt sorgfältig zusammengestellte Mappen mit Bettelbriefen von nicht reichen Dichtern. Manche seiner Bittsteller waren in Deutschland deutlich berühmter als er. Und es gab ebendiese Lupen. Viele Lupen. Der Dichter war schwachsichtig, aber eitel gewesen und mochte keine Brille tragen. Deshalb lagen für ihn an jeder erdenklichen Stelle Lupen parat, falls er etwas anzuschauen wünschte. Mir hatte dieser Spleen wie so viele seiner Spleens sehr gefallen.

Weniger gefiel mir das tückische, vermeintlich großzügige Vermächtnis. Ich glaube heute, es lag ihm an postumer Zwietracht. Er liebte Zwietracht. Seine Auserwählten waren einander nicht unbedingt wohlgesinnt, und so ein Erbe ist schwierig. Wie schnell machte man einen gierigen Eindruck, wenn man sich sein Erinnerungsstück aussuchte – zumal das aufmerksam verfolgt wurde, von seinem Haupterben und Freund. Dem schien dieses spezielle Vermächtnis nicht besonders gut zu gefallen.

*Du hast mir noch nicht geantwortet, da stimmt doch was nicht?*, mault meine Lupe. *Vergiss nicht, ich schaue genau hin.*

Sie stammte aus der Münchener Villa. Da war der reiche Dichter schon mehrere Monate tot und begraben, und es wurde in der Szene immer heftiger kolportiert, wer was wann vom legendären Nachlass mitgenommen hatte. Vor allem die, die nicht auf der Liste gestanden hatten, zerrissen sich das Maul.

*Der X war noch vor der Beerdigung da und hat den kleinen Picasso eingesackt.*

Bloß so was nicht.

Du hast so schön bayrisch ausgesehen, sage ich in der Hoffnung, dass meiner Erb-Lupe das als Begründung reicht. Tatsächlich sieht sie wie selbstgebastelt aus, ums Vergrößerungsglas ein grober Silberring, ungelenk gebogener kleiner Griff, ziemlich rustikal, das kleine Ding. Aber mir fällt noch mehr ein: Sieh mal, wer würde mir schon einen Picasso glauben? Der wäre doch bei mir daheim wie eine Auster in einem Teller Nudelsuppe. Du passt seit vielen Jahren immer besser zu mir, die Gelegenheiten, sich über zu klein Gedrucktes aufzuregen, werden ja mehr und mehr. Dann bist du da, und für mich bist du die Einzige!

Natürlich hatte ich damals mit dem einen oder

anderen schönen Stück kurz geliebäugelt, aber wenn ich mir etwas Wertvolles ausgesucht hätte, wäre das heute längst weg. Stückchen vom Reichtum anderer verflüchtigen sich bei den nicht so Reichen schnell. Außerdem wurde sowieso zu viel geredet und geneidet, das dauerte Jahre an.

Tatsächlich erinnert die Lupe, dieses Ding ohne Marktwert, mich jeden Tag an den reichen Dichter, der so schlecht sah und so gut schrieb und der seinen ererbten Reichtum und seinen edlen Kram wahrscheinlich gern für etwas mehr Ruhm gegeben hätte. Es würde ihn vielleicht trösten, dass die zu seiner Zeit ganz Berühmten es indessen auch nicht mehr sind. Sie ist ein schönes Vermächtnis, die kleine Lupe, die mir hilft, wenn ich etwas nicht mehr genau erkennen kann.

# Ein Stein

Wenn man alle Steine zusammentragen würde, mit denen Menschen Erinnerungen verbinden und die sie deswegen aufheben, könnte man aus ihnen wahrscheinlich eine zweite Chinesische Mauer bauen.

Ach, der runde mit dem weißen Streifen vom Donauufer, weißt du noch? Es sind meist paarweise Erinnerungen. Ihre steinernen Zeugen werden durchs Leben geschleppt, bei Umzügen mitgenommen, bei Trennungen zurückgelassen. Wir reden von Steinen, deren Gewicht nicht nach Karat gemessen wird, sondern nach Geschichten. Einschlüsse sind ausdrücklich willkommen. Steine riechen nach Unsterblichkeit.

*Du hast versprochen, mich fassen zu lassen, ein Ring hätte ich werden sollen oder ein Anhänger,* quäkt der kleine schwarze Stein. Er hat eine unangenehm larmoyante Stimme und hält sich für was Besseres.

Ich hatte irgendwann mal die Idee, sage ich. Aber wozu sollte das gut sein? Ich trage nicht gern schwarzen Schmuck, zu traurig.

*Ich bin nicht traurig, und ich sehe auch nicht traurig aus,* antwortet er traurig. *Ich bin geheimnisvoll.*

Das ist er wohl, aber so ganz kann ich daran nicht glauben. Es gibt Menschen, die nicht nur Erinnerungssteine aufheben, sondern Steinen sonderbare Kräfte zutrauen. Der Geburtsmonat spielt da eine Rolle, Krankheiten können angeblich unter den richtigen Steinsorten verschwinden, Liebeskummer und Pleiten ebenso. Ich halte das alles für Quatsch. Andererseits ist es wohl auch Quatsch, für einen rosafarbenen Brocken reinen Kohlenstoff den Wert eines Hochhauses hinzulegen. Das geschieht öfter, als man denkt. *Wertvoll* ist ein sonderbar nichtssagendes Wort.

Wie auch immer, mein schwarzer heißt *Obsidian*, und ich habe ihn an einem Berg auf Island gefunden. Er könne Blockaden lösen, sagen die Esoteriker. Ich habe davon noch nichts bemerkt, obwohl er einen festen Platz auf meinem Nachttisch hat und von da aus gut arbeiten könnte.

Vielleicht hätte ich ihn nicht mitnehmen sollen, vielleicht hat er deswegen selber eine Blockade. Man hat es mir auf dieser sehr fremden Vulkaninsel damals erklärt: Diese Steine in leuchtendem Schwarz dienten Elfen und Trollen als Heizmaterial. Ohne die Elfenkohle würden sie frieren, deswegen solle man sie dort liegenlassen, wo man sie gefunden habe, denn man sei da mitten in eine Behausung geraten und müsse sich schleunigst wegbegeben. Ohne was mitzunehmen, natürlich. Sonst drohe Unheil – bis hin zum Tod.

Ich hatte eine Geschichte über die Insel zu schreiben und kriegte bei solchen Informationen kein passendes Gesicht hin. Nie hatte ich mich so fehl am Platz gefühlt wie hier in dieser wilden Einöde, in der nichts von Menschenhand Geschaffenes zu sehen war, keine Kunst, keine Architektur, keine Anverwandlung des Ungezähmten in Zivilisation. Das machte mir Angst. Ich hatte sehr freundliche, sehr erwachsene Informantinnen und Begleiter, die mir ausführlich erklärten, warum die armselige Schotterstraße, auf der wir gerade fuhren, so sinnlose Kurven machte – man habe natürlich die Elfenwohnungen respektiert und um sie herumgebaut. Und auch die Trolle

würden sehr ungehalten, wenn man sie störe. Dann kamen sie wieder mit ihren Drohungen wegen der Elfenkohle. Da sie alle einen sehr unironischen Ton hatten, wusste ich nicht, ob die Gruselgeschichten zum touristischen Programm gehörten oder ob sie wirklich dran glaubten. Als ich fragte, wie Elfen aussähen, haben sie mir allen Ernstes eine auf eine Restaurantrechnung gezeichnet, eine Art Fledermaus mit Ballettschühchen. Dafür wären aber die Kohlestücke zu groß, meinte ich. Die könnte das Ding da ja niemals tragen.

Man schaute mich verständnislos an. Folklore und Glauben sind schwer auseinanderzuhalten, jedenfalls für mich.

Als ich meinen Stein sah, war ich zufällig allein, niemand konnte den Frevel verhindern. Ich war fest entschlossen. Er lag gut sichtbar in einer kleinen Gesteinsvertiefung, graue Flechten um sich, als sei er genau da für mich präsentiert. Diese trübfarbigen Flechten bedeckten fast die ganze Insel. Wahrscheinlich kam mir damals schon die Idee, etwas mitzunehmen, das ich nach meinem Willen verändern und verschönern konnte. Wie er jetzt vor mir liegt, schwarz glänzend, mit winzigen, moosartigen Einsprengseln, ist er doch sehr hübsch. Seine Form und Größe erinnern an ein Taubenherz.

*Du hattest was von einem implantierten Brillanten gesagt,* mault er. *Oder eine Goldkette. Oder beides.*

Vielleicht mache ich das, aber das sage ich ihm noch nicht. Er soll *hinterlassungsfähig* werden, das bin ich ihm schuldig. Nur einfach ein kleiner schwarzer Stein zwischen den gestreiften, den roten, den weißen und den bunten, im Heer der schweigenden Erinnerungssteine, das reicht mir nicht für ihn. Das ist zu unsicher und hat keine Zukunft. Er soll sein Brilläntchen eingesetzt kriegen – auch nur ein Stein – und eine Kette drangehängt. Seinen Platz bei den Wertvollen eben.

Ganz bürgerlich und auf der sicheren Seite.

# Die Linde

Sie war groß und schön, angeblich über hundert Jahre alt, und sie stand an der Ecke der Straße, in der ich wohne. Sie behütete in ihrer langen Lebenszeit unter anderem eine Telefonzelle, viele Spargelverkaufshäuschen, Liebespaare, Kinderwagen und angeblich ein Drogenversteck. Generationen von Hunden haben sie besucht. Im Sommer umhüllte sie unterschiedslos uns alle, die Guten, die Bösen und die mittendrin, mit ihrem betäubenden Duft. So etwas habe ich nie wieder gerochen.

*Man riecht überhaupt nichts,* sagt das kleine Ding erstickt. *Ich kann gar nicht richtig sprechen wegen all der Typen, die auf mir draufliegen.*

Die Typen, das sind Kulis und Bleistifte und Buntstifte, und das Ding ist ihr Aufbewahrungsort, ein kleines Schüsselchen aus Rinde, so ein eher peinlich aussehendes Teil, das man sich als Souvenir aus dem Harz oder dem Schwarzwald vorstellen könnte. In Wahrheit ist es der letzte Rest unserer herrlichen Linde. Baumrinde riecht nicht, jedenfalls nicht nach so vielen Jahren, sage ich, um das Schälchen zu trösten.

Als ich damals das blaue Kreuz an ihrem gewaltigen Stamm gesehen habe, das Todeszeichen, fragte ich mich hartnäckig durch die zuständigen Ämter, was gar nicht einfach war. Irgendwann tat einer am Telefon so, als hätte er was zu sagen, und ich teilte ihm mit, ich gedächte mich an diesem Baum anzuketten und vorher die Bild-Zeitung zu informieren. Dann war erst mal Ruhe, aber ich schaute die wundervolle Linde mit anderen Augen an. Ich vertraute nicht mehr auf ihre Ewigkeit. Sie war lang, lang vor mir da gewesen, und jetzt sollte ich sie überleben? Das war mir unheimlich. Die Wesen um sie herum waren, soweit ich sehen sollte, ganz gleichmütig, Hunde pieselten, Frauen schwatzten, Kinder plärrten, Spinnen webten, und im Sommer waren wir alle in ihren Duft eingehüllt, diesen betäubend wundervollen Duft, der einen vergessen ließ, dass man mitten in der Großstadt an einer lauten Straßenkreuzung stand.

Eines Tages war jemand am Telefon, eine Behördennummer, aber eine mitfühlende Seele.
Wie schön, er hatte sich an mich und meine wüsten Baumdrohungen erinnert.
Wie schrecklich aber, was er sagte:
Am besten, Sie fahren ein paar Tage weg! Wir können nicht mehr warten, sie muss jetzt gefällt werden, sie ist krank.
Ach, das kannte ich schon. Wenn etwas

im Weg war, ob Baum oder Bau, erklärte man es einfach für krank, hinfällig, baufällig, irgendwelchen Vorschriften im Wege, den Stadtplanern, der Glasfaser oder überhaupt dem Fortschritt.

Sie störte. Es gibt Menschen, die nur Funktionen sehen können. Das Umdenken, das seit einiger Zeit in der Welt zu sein scheint und dem ich nicht recht über den Weg traue, hat meine Linde, unser aller Linde nicht mehr erlebt. $CO_2$-Bindung wäre in der heutigen Zeit ein unschlagbares Überlebensargument, wie Zauneidechse oder Mopsfledermaus. Das Schicksal wollte es, dass ich in den fraglichen Tagen für einen Auftrag wegmusste, denn einfach so flüchten hätte ich gewiss nicht gewollt. Mein bester Freund, E., war dabei; wohin die Reise ging, weiß ich nicht mehr. An den furchtbaren Anblick beim Heimkommen erinnere ich mich umso besser. Ich hatte E. von

dem Fall erzählt, er gehörte zu den wenigen Menschen, die meine Art von Spleen für wichtig und richtig hielten.

Meine Heimatstraßenecke war leer und laut. Ein Container stand da und ein eisernes, baumfressendes Monster, das meine Linde stückweise zerkaute, in einer unbegreiflichen Geschwindigkeit. Ich hatte so etwas vorher noch nie gesehen und fragte mich, wer solche Dinger erfand. Schweres Kriegsgerät gegen Bäume.

Es ging alles mit einer mörderischen Effizienz und Ordentlichkeit vonstatten, da wurde gesägt und die Baumfresserin gefüttert und gekehrt und zusammengeräumt und aufgeladen, in meiner Fantasie war die Straße blutüberströmt. In Wirklichkeit war sie fast wie immer. Nur ohne Hauptdarstellerin. Ein paar Nachbarn standen rum, die kleinen Buben fanden die Holzfresserin ganz toll. Das taten die erwachsenen Buben wahrscheinlich auch, ich habe niemanden gefragt.

*Und ich, und ich? Wann komm ich?*, fragt das Rindenschüsselchen.

Das war ein paar Tage später, sage ich.

E. hatte mich daheim abgesetzt und pragmatisch, wie er war, nach irgendeinem Trost gesucht. Wie er erzählte, hat er sich Zeit auf dem ordentlichen Schlachtfeld gelassen, noch mal im Container nachgeguckt und an den Zäunen, nach einem besonders hübschen Stück Lindenrinde gesucht. Wahrscheinlich fand er die Fressmaschine auch faszinierend, aber das sei ihm verziehen. Lindenholz ist, wie man weiß, heiliges Holz, Ikonen werden darauf gemalt und andere Andachtsbilder. Berühmte Madonnen verdanken dem Lindenholz ihre Haltbarkeit.

E. hatte dann endlich ein passendes Stück gefunden, etwa so groß wie seine Hand. Er nahm es mit in seine unerforschliche Werkstatt, schliff es, bis es glatt wie Seide war. Er machte die Ränder fein und fand vier farblich passende Kugelfüßchen. Die tarierte er aus, bis das kleine Ding einen guten Stand hatte. Stolz brachte er mir das Troststück.

Nun liegen meine Stifte drauf. Und die Linde bleibt unvergesslich.

# Musikstille

*Neulich haben sie wieder diesen sentimentalen Mist im Fernsehen erzählt. Du kannst drauf wetten – immer wenn Weißköpfige interviewt werden, kommen sie auf »ihre Musik«, und nach fünf Minuten sind sie beim Bandsalat, der mit Bleistift aufgewickelt gehörte, ach, und dann tun sie, als wär das die Unbefleckte Empfängnis für »ihre Musik« gewesen, und das Aufnehmen hatte ja schon Stunden gedauert und alles natürlich aus Liebe. Zum Kotzen.*

Ich weiß nicht, warum ich dich aufgehoben habe, sage ich zu der kleinen verkratzten Kassette, die seit Jahrzehnten auf meinem Schreibtisch liegt. Ein Fossil, übriggeblieben aus einer längst versunkenen Ära des Musikhörens, Musikliebens, Musiklebens. Ich weiß aber durchaus, warum sie immer noch hier ist. CE II, Chrome extra, BASF 90 IEC II, und in meiner jungen Handschrift: *Meine Musik*. Zigarettenschachtelgroß, flach und längst ohne jede Möglichkeit, Töne von sich zu geben. Ich weiß nicht einmal mehr, wann ich meinen letzten Recorder ohne Bedauern vor die Tür gestellt habe. Nicht, dass ich damals gedacht hätte, irgendjemand wolle so was noch haben – ich schmeiße nur nicht gern etwas in die Mülltonne, was mir mal Freude gemacht hat.

Nun also der Rest, die Kassette. *Meine Musik.*

Was ist auf dir drauf?, frage ich sie. Warum weiß ich das nicht mehr? Warum habe ich keine Ahnung,

wer sie mir geschenkt hat? Denn selber aufgenommen kann ich sie nicht haben, niemals. So was machte man nicht, dafür hatte man seine Liebhaber, kurzfristige, langlebige, wie sie eben kamen. Die Liebe, die machte die Musik. Eine herrlich preiswerte Möglichkeit, Unbezahlbares zu verschenken, waren sie, die zusammengepuzzelten Radio-, Platten- und seltener Fernsehmusiken, mit Beifallfetzen und abrupt abgesäbelten Schlussakkorden.

*Keine Ahnung*, antwortet sie. *Ich hör mich ja nicht selber. Dein Schreibtisch wäre stinklangweilig, wenn nicht der Fernseher direkt nebendran stünde. So kriege ich immer mal wieder was mit. Manchmal schaust du nachts Sendungen mit alter Popmusik an. Da hör ich zu. Ganz selten kommt mir dann was bekannt vor.*

*Meine Musik?* Was könnte in dem übriggebliebenen Plastikding verewigt sein? War es die *Nathalie*-Phase oder *Eleanor Rigby, Bella Ciao* oder *Parsifal*? Alles meine Musik. Die ersten beiden sind zu Klassikern mumifiziert, das Dritte als Sommerschlager missverstanden, und der Vierte muss in Bayreuth heuer als Avatar gehen – alles meine Musik.

Oder die Internationale? Oder, furchtbar zu denken –

*Drum links, zwei, drei! Drum links, zwei, drei! / Wo dein Platz, Genosse, ist! / Reih dich ein in die Arbeitereinheitsfront, / weil du auch ein Arbeiter bist ...*

Doch, doch. Kann sein. Jammern hilft nicht. Vielleicht ist es ja auch gar nicht drauf. Aber sicher der Chor der Roten Armee. Dass damals an Putin noch nicht zu denken war, ist keine Entschuldigung. Russisch war schöne Bässe, so echt wie Rebroff. Oder eben der Rote Platz, über den Becauds Nathalie schwebte.

Was mag sich dadrin verstecken an Hochstimmungen und Heilsgewissheiten, Irrwegen und Eifersüchten, Einsamkeiten oder Weltrettung? Wie viel wäre mir heute peinlich? Würde ich mich wundern? Oder einfach nur melancholisch werden über Erinnerungen an große Gefühle von einst?

Ich könnte dich irgendwie überspielen lassen. So was geht. Es gibt immer Leute, die etwas wiederbeleben können, sage ich nicht unfreundlich.

*Ich muss nicht wiederbelebt werden*, antwortet die Kassette wütend. *Ich bin schließlich nicht tot. Ich bin nur stumm. Zeitweilig. Oder vielleicht bist ja du taub!*, sagt sie hämisch.

Ich ahne, was sie meint. Aber es ist nicht so, dass ich mich nicht erinnern will. Ich kann es nur nicht wirklich. Gesichter und Töne vermischen sich, Orte und Menschen, es ist ein Fest der Lebenden und der Toten. Meine Musik.

Wie ich mich kenne, sind da viele Totentöne drauf. *Meine Musik* war auch die derer, die früh abgehauen sind. Willentlich oder unwillentlich. Daran erinnere ich mich jetzt nach so vielen Jahrzehnten.

*Forbidden games*, sagt sie. *Meta, du erinnerst dich. Hab ich drauf.*

Will ich sie hörbar machen, die Geister? Mein junges Ich und die anderen, die immer jung sein werden? Die nicht hatten weiterleben wollen? Ich zweifle. Nichts armseliger als alte Tränen über Gewesenes.

Also, sage ich zu ihr, ich kann jetzt auf die Schnelle nichts entscheiden. Du kannst hier weiter fernhören, wenn du willst. Sendungen mit alter Popmusik gibt's zur Genüge. Ich muss erst mal überlegen, ob ich mich mit mir selber überraschen möchte. Man soll so was nicht unterschätzen. Emotional.

*Lass dir nur Zeit,* antwortet CE II BASF 90 IEC ein wenig ironisch. *Irgendwann erkennst du sowieso nichts mehr. Du hast da übrigens was übersehen. Ich heiße* Fantastic Sound. *Das hast du überlesen, ich bin ein wenig eingestaubt.*

Ich überhöre den Vorwurf. Sie hat recht, mich hat hauptsächlich meine eigene Schrift interessiert, nicht ihre.

Was immer auch du da in dir versteckst, sage ich schließlich, es ist meins.

Aber ohne dich wäre es nicht da.

# Unzählige

*Unsereiner wird falsch eingeschätzt*, sagt sie.

Unsereiner auch, antworte ich.

Das soll heißen, halt dein Maul, ich habe keine Lust, mit einer Muschel zu reden. Früher lagen bei mir überall welche herum, dann habe ich fast alle in meinen Teich geworfen, sie waren mir peinlich geworden. Diese hab ich wohl übersehen. Oder verschont, vielleicht eben wegen ihres Mauls. Zähnchenzacken ziehen sich über die ganze Breite der kinderfaustgroßen Muschel. Sie zeigt ein schiefes Grinsen und trägt braungelb glänzendes Leopardenmuster auf dem Rücken.

*Du hast uns immer nur dekorative Fähigkeiten zugestanden.*

Sie lässt sich offenbar nicht maultot machen.

*Dabei ist das nur eine lächerliche Nebensache in unserer Biografie. Nichts Neues, natürlich nicht. Unsere Schönheit ist schließlich legendär. Von den Künsten des Barocks im Umgang mit uns seid ihr aber schon seit Jahrhunderten weit entfernt.*

Wahrscheinlich fühlt sie sich nicht genug ästimiert und denkt an ihre gold- und silbergefassten, auf

Podestchen gestellten Kolleginnen in den Museen. Sie hatten ihren Platz in sämtlichen feudalen Wunderkammern der Groß- und Kleinfürsten. Perlmutt fasziniert seit je. Lebendig und auch wieder nicht.

Ich habe immer noch keine Lust, mit ihr zu reden. Ich müsste ihr wahrheitsgemäß sagen, dass es viel Schönere gibt als sie.

Meine Gedanken gehen zurück zu einem stillen älteren Mann in einem Thailandurlaub an der Andamanensee, er hatte das Holzhüttchen neben dem meinen. Wir haben uns gegrüßt, sonst nichts. Lebten nebeneinander in diesem Zweiwochenparadies. Auf dem Sims seiner Holzveranda reihten sich die Muschelfunde aneinander, ordentlich nach Größen und Farben sortiert, jeden Tag kamen ein paar dazu. Auf meiner identischen Veranda trockneten nur die Handtücher. Ich war ein bisschen neidisch, wollte ihm aber nichts nachmachen.

Am Tag seiner Abreise – sein Gepäck stand schon abholbereit vor dem kleinen Haus – nahm er alle seine Muscheln von der Veranda und trug sie zum Strand, wo er sie ordentlich der Reihe nach an den Meeressaum legte. Er blieb einen Moment stehen, dann ging er. Die Andamanensee ist sanft und friedlich, man konnte sich nicht vorstellen, dass sie wenige Jahre später zum Monster werden würde. An

diesem
Tag jedenfalls
ließ sie, was der Mann ihr zurückgegeben hatte, lang liegen, ehe sie es sich wieder einverleibte.

Im Übrigen bist du eine Schnecke, sage ich zu meiner Muschel. Ich hab dich gegoogelt. Kauri heißt du.

*Wie ihr uns nennt, ist doch vollkommen gleichgültig*, kommt es aus ihrem schiefen Maul. *Was zählt, ist, dass in Wirklichkeit wir die Welt erschaffen haben. Ohne uns gäbe es keine Berge, keine Wüsten, keinen Boden unter euren Füßen. Wir sind Gottes Baumaterial. Ohne uns wäre er aufgeschmissen. Dafür geben wir unsere Identität auf. So eine Existenz wie hier bei dir ist eigentlich für unsereine nicht vorgesehen.*

*Dass ihr Füße braucht, zeigt übrigens, wie schwach ihr seid. Wir haben keine und kommen überallhin. Wir sind Stein und Tier gleichzeitig. Ihr seid keins von bei-*

*den. Eine arme, anfällige Evolutionslaune. Wenn ihr längst weg seid, sind wir immer noch da und bauen weiter, unermüdlich. Ewig.*

Sie hat recht. Sie und ihresgleichen waren noch da, als die Andamanensee in einem Dezember alles mit sich riss. Die kleinen Häuser, in denen ich so oft gewohnt hatte, die Hütte des schweigsamen Muschelsammlers, Bäume, Kneipen, Märkte, Menschen und Tiere. Alles weg, alle weg. Als hätte es das andere Leben nie gegeben, waren nun sie die Sieger, die Dinger zwischen Stein und Tier. Sie hatten das gesamte ehemals lebendige und laute Terrain still erobert, wie, war ihr Geheimnis. Der Pool war voll von ihnen, der einstige Essplatz gehörte ihnen, das Wäldchen, die menschenleere Straße.

Von da hab ich dich mitgenommen, damals, als ich ihn mir angesehen habe, den verlorenen Ort. Ich glaube, dich hab ich am Pool gefunden. Nicht drin. Reingegangen wäre ich da unter keinen Umständen.

*Du hast mich nur ausgesucht, weil ich für den Zoll klein genug war,* sagt sie grantig. *Die Auswahl war ja riesig. Superteile. Groß wie Klosettschüsseln. Die haben sie natürlich am Zoll alle abgefangen, wenn jemand so blöd war, welche mitnehmen zu wollen.*

Ja, und jetzt bist du eben hier, sage ich. Finde dich

damit ab. In den Teich musst du nicht, versprochen. Aber ein Individuum wirst du bleiben, wenn's nach mir geht. Nicht Gottes Baumaterial.

Sie hat einen Gesichtsausdruck, das kann ich nicht leugnen, ob Muschel oder Schnecke, sie kann das Maul verziehen, ich bin ganz sicher.

Wie machst du das?, frage ich.

*Ich sage doch, zwischen Stein und Tier*, antwortet sie und grinst.

# Mystik: eine unreife Poesie

*Du bist nur darauf aus, dein Lieblingszitat mal wieder anzubringen,* sagt der Radiergummi. Er ist ein Geschenk, eine Freundin hat ihn mir aus dem Goethehaus mitgebracht. Sie fand ihn lustig. Es gibt Dinge, die würde man nie selber kaufen.

Selbst wenn er in dieser Verkleidung zu mir spricht, bin ich ihm gegenüber voller Ehrfurcht. Entwürdigende Bilder gibt es genug von ihm, sie können ihm kaum etwas anhaben. Mein Radiergummi ist eine fünf Zentimeter große Goethebüste, ich benutze ihn nur selten, und dann auch nur von unten. Wo das Halstuch endet. Ich würde ihm niemals etwas vom Kopf abrubbeln.

Du meinst mein Lieblingszitat, dass man erst ganz bei Verstand ist, wenn einem egal ist, was andere sagen?, frage ich. Ich weiß, du sagst das viel eleganter. Nein, darum geht's mir nicht. Nicht jetzt. Ich wüsste nur gern, wer auf die Idee gekommen ist, aus dir einen Radiergummi zu machen.

Auf meinem Mousepad ist Goethe allerdings auch abgebildet, die Tischbeinversion, aber da redet er nicht.

*Das sind nur Gleichnisse, Korrelate, es gibt unendlich viele Abbilder von mir. Nicht alle sind gelungen,* sagt der Radiergummi.

Du brauchst gar nicht so geschwollen daherzureden, antworte ich.

Wenn sie dich schon so klein machen, hätten sie dich auch ein bisschen jünger machen können. Er sieht nämlich schon nicht mehr so richtig olympierhaft aus als Gummi-

büstchen, hängende Mundwinkel, schlaffe Backen. Der auf dem Mousepad wirkt deutlich frischer, trotz der falschen Beine.

*Altes Fundament ehrt man*, sagt der Radiergummi.

Aber man heiratet es nicht, antworte ich. Das war gemein von mir, er ist doch nur ein Stückchen Gummi, was kann er schon über Vergänglichkeit wissen und über die Zumutungen, die das Alter auch ihm, seinem riesenhaften Vorbild, nicht erspart hat? Inklusive der demütigenden Liebe zu einem furchtbar jungen Mädchen? Mein kleiner Goethe wird immer so bleiben, wie gesagt, ich benutze ihn nur mit Bedacht. Das garantiert ihm ein langes Verharren in seinem Istzustand. Dem Dichterfürsten war das nicht beschieden.

*Es ziemt sich dem Bejahrten, weder in der Denkweise noch in der Art sich zu kleiden der Mode nachzugehen*, sagt der Radiergoethe.

Das sagt der Richtige, antworte ich. Soweit ich sehen kann, ist das ein ziemlich fescher Kragen und ein verwegenes Halstuch, das du da anhast. Ich duze ihn und sage nicht Euer Gnaden. Vielleicht ist das ein Fehler. Ach, alle Berühmtheit hatte dem wunderbaren Original, dem Objekt so vieler Darstellungen, Begierden, Nachahmer, Speichellecker und Interpreten nicht gegen die Katastrophe der Liebe geholfen.

Ulrike von Levetzow. Sie siebzehn, er zweiundsiebzig.

*Und war sich selbst verloren.*

Ich bin sicher, er wird sich, was Kleidung und Denken betrifft, nicht an seine eigenen *Maximen und Reflexionen* gehalten haben. Er wird sich schick gemacht haben. Ein Marienbader Kurschatten. Ein alter Werther.

Schade, dass du mir darüber nichts erzählen kannst, sage ich zu meinem Radiergummi.

*Am Ende des Lebens gehen dem gefassten Geiste Gedanken auf, bisher undenkbare; sie sind wie selige Dämonen, die sich auf den Gipfeln der Vergangenheit glänzend niederlassen.*

Du musst in deinem Souvenirshop Zeit genug gehabt haben, des Meisters Sätze einzuatmen, wie auch immer das möglich war, sage ich zu dem kleinen, weißen Gummiding, ich bin begeistert. Wie schön. Die Gipfel der Vergangenheit.

*Im Übrigen stehen da haufenweise Bücher in deinem Regal herum*, antwortet er. *Du erinnerst dich? Artemisausgabe? Und sonst noch manches Erbstück. Außer abstauben machst du mit denen ja nicht viel. Sie zu lesen wäre mal eine Idee, es wäre schön, wenn du immer beim Radieren dran dächtest, ans Lesen.*

Er hat ja recht. Die Artemisausgabe ist von meinem Großvater. Was der zu einem Radiergummi in Goethebüstenform gesagt hätte, wage ich gar nicht auszudenken. Andererseits haben die Verehrerinnen und Liebhaber aus seiner Generation auch eine Menge Plunder aus Frankfurt und Weimar und Italien angeschleppt. Es sind Liebespartikelchen, diese Souvenirs, mit Händen zu berühren, mit Ehrfurcht aufgeladen. Das ist das Geheimnis – die Liebe. Sie will was Handfestes. Nicht nur Buchstaben auf Papier.

Er hat das junge Fräulein tatsächlich heiraten wollen, sage ich zu seinem Ebenbild, er hat sogar den Herzog vorgeschickt zum Brautwerben. Seine Angebetete ist uralt geworden und hat nie geheiratet. Ob sie wirklich Goethes letzte Liebe war? Die allerletzte?

Er hat die Wortschöpfung *letztester Kuss* gebraucht. Aber das steht in dem Schmerzensgedicht, das ist schon Verarbeitung und Beschwörung. Ans Endgültige hat er, denke ich, so wenig geglaubt wie wir alle.

*Wenn man älter wird, muss man mit Bewusstsein auf einer gewissen Stelle stehen bleiben*, sagt er.

Du meinst bei der Liebe, frage ich.

Mein Radiergummi bleibt stumm.

# The Big Dipper

*Schön, dass man wieder mal gebraucht wird,* sagt der Schöpflöffel schlecht gelaunt, als ich ihn aus der Schublade hole. Was die anderen fünf sagen, die seit Jahren tatenlos in verschiedenen Schubladen und Schränken herumliegen, möchte ich gar nicht wissen. Es können auch sechs sein. Ich müsste nachschauen.

Hör auf zu meckern, sonst überlege ich es mir anders, sage ich. Er weiß, dass ich das nicht kann, er sieht ja den Gemüsehaufen auf dem Tisch. Habe ich lang nicht gemacht, diese Suppe, von der meine Großmutter sagte, sie sei wie Beischlaf, immer gut und immer anders. Ich fand das einen überraschenden Vergleich, denn sie hat eine Eigenschaft, die nicht passt: Sie ist immer zu viel. Man hat ein halbes Dutzend Mahlzeiten davon, nach der dritten spätestens hängt sie einem zum Hals raus.

*Das kommt nur, weil du so eine Einsiedlerin geworden bist,* sagt der Schöpflöffel. *Unsereiner ist für große Gesellschaften gemacht oder für Familien. Am besten beides zusammen.*

Bloß nicht, denke ich und fange an zu schnippeln. Das Geheimnis ist, schön klein, damit alles gleichzeitig gar wird. Nicht zu viel Kohliges. Die Jahreszeiten sorgen für den Rest. Der Schöpflöffel, der brav wartet, ist von allen, die ich habe, der unscheinbarste.

Der zinnerne hätte für einen komischen Geschmack gesorgt, der emaillerne hat schon zu viele abgeplatzte Stellen, der porzellanene ist zu wertvoll, und der silberne müsste geputzt werden. Dieser hier: Blech und Plastikgriff. So was überlebt.

Schnippeln ist eine sehr kontemplative Tätigkeit, völlig unsinnige, schöne Erinnerungen schleichen sich ins Hirn. Zum Beispiel die Sache mit dem Sternbild des Großen Bären. Oder des Großen Wagens. Auf jeden Fall heißt der auf Englisch *Big Dipper. Großer Schöpflöffel.* Schnippelnd denke ich daran, wie lang ich vor Jahren gebraucht habe, bis ich das für ein Sylvia-Plath-Gedicht raus-

gekriegt hatte. Der *Große Schöpflöffel*. In dem Gedicht ging's um ein Bett im Universum, und ich begriff nicht, was ein großer Schöpflöffel darin verloren hatte. Damals war Google noch nicht geboren.

*You can see if the Big Dipper's*
*Full of stew*
*And you may want to stay*
*Up a week or two*
*Das gefällt mir,* sagt mein wartender Schöpflöffel.
*Ist das Astrologie oder Astronomie?*

Wenn ich das bloß unterscheiden könnte, antworte ich. Man wird für verrückt gehalten, wenn man das sagt. Mir geht's halt so. Es ist auf jeden Fall Poesie, das verrückte kleine *Bett-Buch* der Plath. Ob der Große Schöpflöffel am Himmel unser aller dunkle Suppe auslöffeln soll – ich weiß es nicht. Großer Wagen oder Großer Bär ist irgendwie neutraler, das bringt einen nicht so ins Grübeln. Ich versuche, irgendwie wieder aus dem Universum zurück zu Karotten und Bohnen zu kommen. Wie eine so unglückliche Frau wie Sylvia Plath derartig alberne Sachen hat schreiben können, ist mir ein Rätsel. Oder vielleicht war gerade das ein wenig todaufschiebend? Für eine schöne, kurze, irdische Weile? Unglückliche Dichterinnen und Dichter haben sich oft ins Alberne gerettet. Betten im Universum. Vielleicht erwarten die einen ja, mitten im *Big Dipper*, der alles Unglück auslöffelt, bis nichts mehr da ist?

*Vielleicht machst du mal voran, sagt der Schöpflöffel. Ich hab seit Ewigkeiten keine schöne Hitze mehr gespürt, so was Lebendiges, Ursuppiges. Zum Drin-Baden. Aaah!*

Da bist du nicht allein, antworte ich. Wem fehlt das nicht, das Lebendige, Ursuppige? Im Glück zu baden? In der Wärme.

*Schneid dir nicht in den Finger vor lauter Sentimentalität, du ungeschickter Trampel, sagt er. Sonst versaust du das ganze Gemüse, und ich kann sehen, wo ich bleibe. Die anderen Kollegen, diese Dekoidioten, könntest du übrigens ruhig mal entsorgen. Ich reiche für deine Bedürfnisse völlig aus.*

Im Grunde hat er recht, aber das ärgert mich. Erinnerungen brauchen was zum Festhalten, auch wenn das Betreffende ein unpraktischer, altmodischer, platzfressender Staubfänger ist. Als die anderen geschöpft haben, hat es ihn noch gar nicht gegeben. Dafür Träume von Familienglück und großem Fressen, ewigem Frieden und Ungestörtheit. Untrennbar mit den Ausgemusterten verbunden: Suppenterrinen. So was kennt der praktische Blecherne gar nicht. Der muss direkt am Topf arbeiten.

Du wirst schon noch ein bisschen Geduld brauchen, das wird schließlich keine Fertigsuppe. Und nenn die anderen nicht Dekoidioten. Die haben Reife und Erfahrung und viel mitgemacht: Scheidungen, Vererbtwerden, Umzüge, das sind alles Prüfungen, die du gar nicht kennst.

*Leg ich auch keinen Wert drauf,* antwortet er. *Liegt ja an dir, mir so was nicht zuzumuten.*

Keine Sorge, sage ich. Du bleibst bei mir, Big Dipper. Aber die anderen auch.

# Ein sonderbar Ding

*Ich gehe nach,* sagt sie, schon seit Jahren. *Und du tust nichts dagegen. Dass dich das nicht verrückt macht.*
Die kleine, abgewetzte Taschenuhr liegt auf einem Läppchen, damit sie nicht noch abgewetzter wird. Vergehende Zeit macht so was, nicht nur mit einer kleinen, nicht sehr wertvollen Uhr. Sie wetzt ab, auch wenn man nicht begreift, wieso. Deswegen sind mir fünf Minuten mehr oder weniger eigentlich egal, und meine paar Uhren gehen alle entweder ein bisschen vor oder nach. Nur die vom Laptop zeigt die absolute, die einzig richtige Zeit, wenn es denn so was überhaupt gibt.

In der Frankfurter Innenstadt ist neulich einem Mann seine Armbanduhr abgezogen, also geklaut worden, Wert zweihundertdreißigtausend Euro. Dass jemand so was trägt und ein Dieb so was auch erkennt, sage ich zu der kleinen alten Uhr auf dem Tisch.

*Hätten die mich damals aus Echtgold genommen, sähe ich noch wie neu aus,* sagt sie eingeschnappt.

Kann sein, antworte ich, aber dann wärst du längst nicht mehr hier. Da hätte dich schon die Generation vor mir verhökert, Geldsorgen, verstehst du.

Ich weiß nicht, wer sie wann für wen in der Familie gekauft hat, aber Geldsorgen waren bei allen ein Thema. Wertanlagen kamen nicht vor. Dafür machten sie einander und auch mir oft mit schönen Geschenken Freude, die mehr schienen als waren. Das konnte man in unserer Familie gut.

So ein bisschen Falschgehen schadet gar nichts, sage ich tröstend zu ihr. Wertlosigkeit hat auch was für sich, in Sachen Besitztreue.

*Ich bin übrigens keine Taschenuhr, ich bin eine Frackuhr*, sagt sie nach einer Weile.

Dass ich nicht lache. Eine Frackuhr aus dünn vergoldetem Blech, wer glaubt denn so was. Außerdem bist du eine Quartzuhr. Junghans Quartz. Da gab's schon lang keine Fräcke mehr. Nur für Dirigenten und eine bestimmte Sorte Kellner.

*Ich weiß, wie ich heiße,* sagt sie grantig. *Und Fräcke gibt's mehr, als du denkst. Halt nicht in deinen Kreisen.*

Das sind ja nun auch schon lang deine Kreise, antworte ich. Ich will mich nicht mit ihr streiten. Das würde sie nur Kraft kosten. Der Laden, in dem ich ihr alle paar Jahre eine Batterie spendiert habe, ist vor kurzem geschlossen worden. Aus Altersgründen. Das Uhrmacherpaar in dem winzigen Büdchen hatte schon in meiner Jugend ausgesehen wie Philemon und Baucis.

Du brauchst doch nicht so bald Stoff?, frage ich etwas besorgt.

*Darum geht's nicht,* antwortet sie, *ich halte gut durch. Nur stellen müsstest du mich mal. Aber das ist wohl zu viel verlangt.*

Sie würde nach ein paar Tagen sowieso wieder nachgehen, aber das sagte ich ihr nicht. Mir ging die geklaute Armbanduhr im Wert eines Lamborghinis nicht aus dem Kopf. Warum hatte man so was? Warum sammeln eigentlich so viele Menschen Uhren? Kuckucks- und Taschen- und Armband- und Standuhren, es gibt extra Börsen dafür und erbitterte Kämpfe, welche die edelsten Manufakturen seien. Die Zeit kontrollieren wollen? Aber warum? Als ob sie sich darum scherte, wenn man sie in goldene Palästchen oder futuristische Kugeln sperrt, ob man ihr arabische oder römische oder überhaupt keine Zahlen gibt, ob man sie winzig oder riesig aussehen lässt – sie lässt sich doch nicht beeindrucken und vergeht einfach, vergeht und vergeht. Verweilt nie, selbst wenn sie schön ist. Da schon am wenigsten. Auch die Lieder, die man sie spielen lässt, die Schläge, der heilige oder unheilige Bimbam bis hinunter zum fast unhörbaren Flüstern sind ihr egal. Sie lacht über all die Teilungen, mit denen man seit langem über sie Herr zu werden versucht. Sie schüttelt sich vor Vergnügen über den Genauigkeitsrausch der neuesten Zeit mit Abweichungen im Nanobereich.

Am Handgelenk sehen können, wie spät es jetzt in Tokio wäre, wo man doch gar nicht ist und eigentlich auch nicht hinmöchte? Uhrenvergleich! Der Schlachtruf derer, die die Zeit in der Hand zu haben glauben.

Ich kannte mal jemanden, sage ich zu meiner schlecht gelaunten kleinen Uhr, die ihr langweiliges Dasein zu betrauern scheint, weil ich sie ja nie irgendwohin mitnehme, ich kannte mal eine Frau, die hatte einen eigenen Angestellten nur für die Uhren in ihrem Haus! Alle ihre vielen Uhren gingen immer richtig, aber ihre Zeit, die lief ab. Dagegen half die prunkvoll aufgehobene, präzise gestellte, gezähmte, kontrollierte Zeit gar nichts. Sie starb, während alle ihre Uhren tickten und tickten.

*Da hätte die Rosenkavaliernummer auch nichts geholfen, das Anhalten, mit oder ohne Walzer,* antwortet mein Ührchen.

Sie erstaunt mich immer wieder. Die Tatsache, dass der CD-Player ihr unmittelbarer Nachbar ist, scheint ihr gut bekommen zu sein.

*Du hast nie eine Armbanduhr getragen, du kannst es nicht leiden, wenn etwas dein Handgelenk umklammert. Man kann auch ohne pünktlich sein, das weiß ich,* sagt sie noch. *Aber mich könntest du doch gelegentlich mal mitnehmen, unter Leute. Damit ich mal was anderes sehe!*

Das ist mir zu gefährlich, antworte ich. Wie schnell könntest du verloren gehen oder aus meiner Tasche fallen oder mit dem Handy Krach kriegen. Die Außenwelt ist nichts für jemanden, der schon so lange Zeit beschaulich lebt.

*Das ist es ja, was mir auf die Nerven geht,* antwortet sie. *Ich messe sie. Ich zähle sie. Ich teile sie ein. Aber ich sehe sie nicht vergehen.*

Ich wohl, sage ich, ich sehe sie vergehen. Glaub mir, das wünschst du dir nicht. Du kannst dir nicht vorstellen, was sie alles anrichtet beim Vergehen. Du bist zu beneiden.

*Sieh beizeiten zu, wo du eine neue Batterie für mich herkriegst,* sagt sie.

Mach ich, versprochen, antworte ich.

Dass die Zeit des Uhrmacherpaares Philemon und Baucis wohl abgelaufen ist und dass all die Uhren in seinem kleinen Lädchen noch eine Weile ohne ihre langjährigen Beherrscher vor sich hin schnurren und flüstern und klingen und ticken werden, bis es auch mit ihnen aus ist, sage ich ihr nicht.

Batterien gibt's im Netz. Die Zeit vergeht eben.

# Spieglein

Mit dir will ich nicht reden, sage ich.

*Wie kommst du auf die Idee, dass ich Lust hätte, mit dir zu reden?*, sagt der kleine Spiegel.

Er war einst ein hübsches Geschenk, der kleine, silberne Handspiegel, ungefähr so groß wie ein Brötchen, verzierter Griff. Der ihn mir geschenkt hatte, wollte vielleicht, dass ich sein Gesicht sähe, wenn ich hineinschaute. Vielleicht tat ich das auch. Es ist sehr lang her. Jetzt erinnert der Spiegel mich eher an eine Szene in der legendären amerikanischen Serie *Golden Girls*. Eine von denen, in den mühsamen *besten* Jahren, Dorothy, schaut versehentlich von oben in einen liegenden Spiegel und beginnt entsetzt zu schreien. Damit mir das nicht passiert, schaue ich um ihn herum, an ihm vorbei, über ihn hinweg. Man lernt, Wahrheiten aus dem Weg zu gehen.

*Du könntest mich einfach umdrehen,* sagt er ironisch, obwohl er doch nicht mit mir reden wollte.

Das könnte ich, der kleine Spiegel hat eine sehr ansehnliche Rückseite. Historisierendes persisches Rosenmuster auf gepunztem Silber, wirklich sehr hübsch. Der Mann, der ihn mir einst schenkte, hatte einen guten Geschmack und einen Blick für das Besondere. Er gehörte zur seltenen Sorte der klugen und anmutigen Geschenkemacher.

Ich dreh dich aber nicht um, sage ich, das käme mir vor wie eine Kapitulation. Oder so eine Art »lasst alle Hoffnung fahren«.

*Was man uns zumutet, sagt das Spieglein mürrisch. Wir sollen alles zeigen, nur nicht, was ist. Die Schönste im ganzen Land oder noch jung oder man sieht gar nichts oder man sieht kaum Falten ... Dabei sind wir sowieso seitenverkehrt, da denkt kaum eine drüber nach.*

Ich erinnere mich wieder an den Schrei der Dorothy. Bei Falten spielt seitenverkehrt nicht die geringste Rolle. Wann hat das eigentlich angefangen, das mit dem Vermeiden des eigenen Bilds? Es ist doch nicht so lang her, dass man dachte: Hmmm, sieht eigentlich gut aus, Make-up gelungen, so kann's losgehen, auf in die Welt!

Oder? Oder ist es in Wahrheit eine Ewigkeit her, dass man nur noch die eigene Zumutbarkeit kontrolliert, ich müsste mal wieder zupfen, am besten jetzt gleich, am Kinn sehe ich aus wie Hemingway. Die Wimperntusche macht Fliegenbeine, ab damit? Und noch viele solche Mikrokontrollen, damit ein einigermaßen ansehnliches Bild von einem die Außenwelt betritt? Leider breitet sich wie eine Tintenlache der Gedanken im Hirn aus, dass das niemanden mehr interessiert. So oder so, das Spiegelbild zeigt, was ist. Und was nicht ist, auch.

*Für so was bin ich viel zu klein,* meldet sich der silberne Spiegel. *Zupfen oder Schminken und diese ganzen Reparaturarbeiten, für die bin ich nicht gemacht. Ich werde in der Hand gehalten, mit Licht von seitlich oben, und ich mache eine Miniatur aus meinem Subjekt. Also aus dir, in diesem Fall. Man sieht nichts Genaues, das liegt auch an meinem Schliff. Deswegen muss meine Rückseite nach oben. Damit keine Versehen passieren.*

Er hat ja recht. Bekommen habe ich ihn damals, weil ein Mann meinte, ich würde mich genauso gern anschauen, wie er es tat. Und beim Anschauen meines winzigen Abbilds an ihn denken. So wird es wohl gewesen sein. Erinnerst du dich eigentlich an alle Bilder, die du wiedergegeben hast?, frage ich ihn. Sind die in der kleinen Glasscherbe, in dem silbernen Rähmchen, alle aufgehoben?

*In den letzten Jahren nur deine, aber das willst du ja eigentlich gar nicht wissen,* antwortet er. *Aber aus den vergangenen hundertachtundzwanzig Jahren sind noch viele in mir aufgehoben. Sie brauchen keinen Platz. Sie sind aber da.*

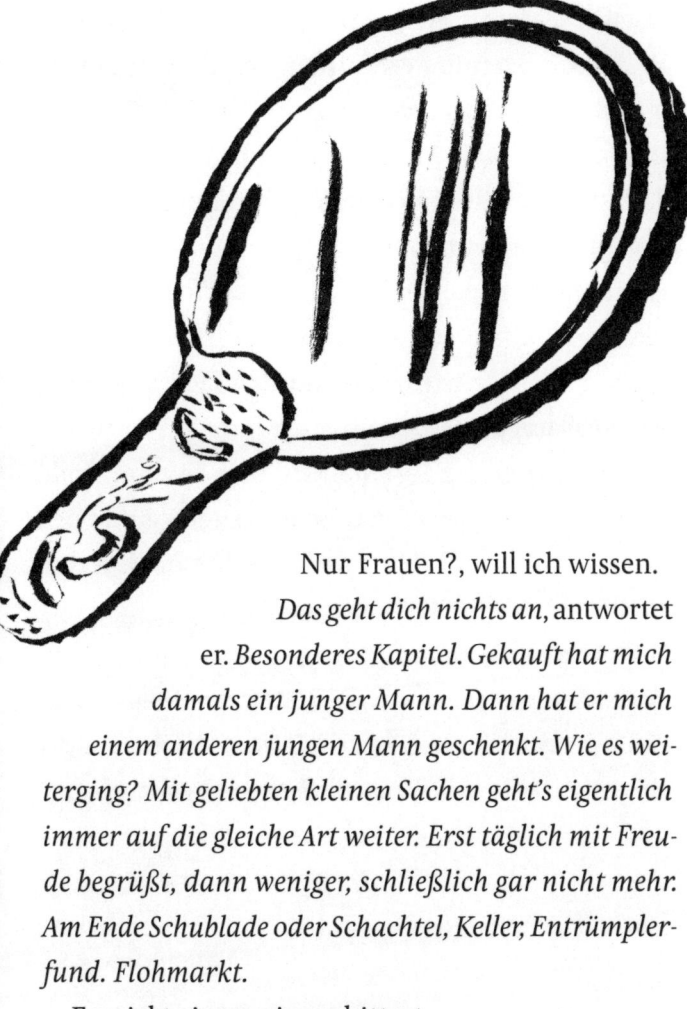

Nur Frauen?, will ich wissen.

*Das geht dich nichts an*, antwortet er. *Besonderes Kapitel. Gekauft hat mich damals ein junger Mann. Dann hat er mich einem anderen jungen Mann geschenkt. Wie es weiterging? Mit geliebten kleinen Sachen geht's eigentlich immer auf die gleiche Art weiter. Erst täglich mit Freude begrüßt, dann weniger, schließlich gar nicht mehr. Am Ende Schublade oder Schachtel, Keller, Entrümplerfund. Flohmarkt.*

Er wirkt ein wenig verbittert.

Da hat er dich gefunden, der Mann, der dich zu mir gebracht hat, auf dem Flohmarkt, sage ich. Da, wo die zweiten und zehnten und hundertsten Leben warten. Das war sein Lieblingskosmos, Flohmärkte. Egal wo, er kannte sie alle. Klaubte mit traumwandlerischer Sicherheit Perlen aus dem Müll. Behauptete, dass der Müll kein Müll sei, nur ein Mangel an Liebe. Es lasse sich alles ins Leben zurückholen, hatte er mal behauptet, man müsse es nur richtig anstellen. Leute wie er neigen leider dazu, sich dann mit lauter Plänen zu umgeben, zu denen ihre Lebenszeit niemals ausreichen wird. Flohmarktverlagerung in die eigene Garage oder wohin auch immer. Wir waren immer weit genug auseinander, dass es keine Rolle spielte, was er alles zusammentrug. Ich kannte nur meine Dinge, und die waren nur für mich ausgesucht.

*Wenn du mich endlich richtig hinlegen würdest,* sagt der kleine Spiegel, *dann müsstest du nicht über dein Gesicht nachdenken. Dafür könntest du sehen, dass ich geputzt werden müsste. Ich fühle mich ganz schwarz.*

# Leere mit Goldrand

*Ich könnte dir eine Menge erzählen, aber ich tu's nicht,* sagt der Zettel, der goldgerahmt an der Wand hängt. Ein hübscher, aufwendiger Biedermeierrahmen, Altgold mit roter Mittelleiste, ungefähr so groß wie ein normaler Briefumschlag. Er umfasst eine Botschaft. Die ist allerdings so gut wie unlesbar. Was einst auf dem vergilbten Blättchen gestanden hat, weiß ich längst nicht mehr. Aber dass es damals, in diesem Moment, sehr wichtig war. Wichtiger als alles, was vorher gewesen war
und

was nachher kommen würde. Auf dem gerahmten Zettel muss ein Augenblick reinen Glücks festgehalten sein, sonst hätte ich ihn nicht aufgehoben. Es gibt Menschen, die ihr Unglück aufbewahren, in Briefen und Notizen oder auch in Mails – zu denen gehöre ich nicht. Geschriebenes Unglück schmeiße ich sofort weg.

Warum aber hängt es an der Wand? Das scheinbar unbeschriebene Blatt hat seinen Platz zwischen Dutzenden von Bildern, Zeichnungen, alten Fotos, geschriebenen und gedruckten Erinnerungen. Und alle erzählen eine Geschichte, manche sind ein wenig rätselhaft, andere überdeutlich. Sie reden mit mir durch ihre bloße Existenz.

Ich überlege kurz, ob es mir wichtig ist, dass andere verstehen, was sie da sehen. Man hängt doch auch Sachen an die Wände, um Menschen damit zu beeindrucken? Damit sie danach fragen und man antworten kann, ja, den kleinen Beckmann da habe ich ziemlich preiswert bekommen, es ist ja nur eine Skizze. Oder so ähnlich.

Eine einzige Besucherin hat in all den Jahren mal nach dem goldgerahmten Nichts gefragt und freundlich gesagt, es sei eine interessante Arbeit. Wenn man etwas Kunst nennt, kann man einer Menge Antworten aus dem Weg gehen.

*Ich könnte deinem schwachen Gedächtnis helfen, aber wozu? Ich bin nur eine Art kleiner Grabstein aus Papier, mit Goldrahmen. Was ich war, bist du, was ich bin, wirst du sein, heißt es ja so nett. Irgendwann wird dich auch niemand mehr verstehen wollen. Es wird nicht einmal mehr jemand versuchen.*

Der Zettel kichert. Es klingt schadenfroh und erinnert mich an das unterdrückte Heiterkeitsgeräusch, wenn einer während der Buchmesse den Verriss über das aktuelle Werk einer Kollegin vorliest.

*Ich habe mich damit abgefunden. Wirst du schon auch noch tun. Wenn du dir etwas Mühe gäbest, könntest du mich entziffern. Leichter als Hieroglyphenlesen wäre es jedenfalls, und ein Palimpsest bin ich auch nicht.*

Du brauchst gar nicht so anzugeben mit deinen Fachausdrücken, sage ich. Woher sollte dergleichen an meine Wand kommen, zwischen die Fotos von meinen Großeltern? Palimpsest, dafür müsstest du edel sein und fett, damit man was abkratzen und neu schreiben und abkratzen und neu schreiben kann. Einst war das, was draufstand, weniger wert als das, worauf es stand.

*Das gilt manchmal heute noch,* tönt es aus dem kleinen Goldrahmen. Mein Zettel erinnert mich immer mehr an das, was man Literaturbetrieb nennt, diese einzigartige Mischung aus Gesehen-Werden-Wollen, Geliebt-Werden-Wollen und die, die das auch tun, Hassen-Dürfen.

Ich glaube nicht, dass ich wissen will, was drauf zu lesen wäre. Er hat in gewisser Weise recht, so schwer ist das gar nicht herauszufinden. Mit digitalen Mitteln könnte das sogar ich, und das will was heißen. Es ist schön, wenn etwas völlig Banales sich geheimnisvoll gibt. Viele wissen Geheimnisse gar nicht mehr zu schätzen, es ist das Zeitalter des Enträtselns, des Entmystifizierens, der Wissenschaft, der Sichtbarkeit. Dieses kleine Ding will ich unerklärt lassen. Vielleicht.

*Wofür hast du eigentlich eine ganze Schublade voller Rahmen? Hoffst du auf weitere Wundermomente, die du hineinsperren und an die Wand hängen kannst?*

Es gibt diese Schublade tatsächlich. Keine Ahnung, woher er das weiß. Schönen kleinen Rahmen habe ich noch nie widerstehen können, und vielleicht hat dieser erbleichte Zettel so nebenbei den Grund dafür rausgefunden. Wenn mir etwas Aufhebenswertes widerfahren würde – eine Krickelskizze, die jemand an einem schönen Abend auf eine Papierserviette zeichnet, eine im Papiermüll gefundene Handschrift, die Rechnung für ein unvergessliches Geburtstagsessen ... auf so was warten die kleinen Rahmen. Der Kollege Kempowski hätte mich verstanden. Hat er auch. Er dachte größer und ließ Vitrinen bauen für all das Lebensnotwendige, den überlebensnotwendigen Krempel, den irgendwann keiner mehr verstehen wird. Ich habe eben Rähmchen – also kein höchstpersönliches Museum, sondern nur eine Winziggalerie, die Sachen aufbewahrt. Bis auf Weiteres. Glück ist, wenn jemand es versteht, dass Glück auf einem alten Zettel überleben kann.

*Na, gib dir einen Ruck, sagt er. Du tust immer nur so geheimnisvoll und verschlossen. In Wirklichkeit bist du neugierig. Berufskrankheit. Es gibt keine diskreten Menschen, die schreiben.*

Ich habe keine Ahnung, wie viele schreibende Menschen er kennengelernt hat, hier, in all den Jahren, in denen er aus seinem Goldrand auf meinem Tisch herumgeblickt hat – der Zettel mit der Rechnung für Roomservice vom 28-2-80 – TEA FOR TWO – wenn man lang, lang hinschaut, kann man es lesen.

# Tierleben

*Uns mussten sie nachbestellen*, sagt der kleine Stofflöwe stolz. *Auf den Oktopussen sind sie sitzengeblieben. War nicht anders zu erwarten. Oktopusse mit Kindchenschema ist sogar für chinesische Designer schwierig.*

Dafür hat das mit dem Kindchenschema bei euch umso besser geklappt, sage ich. Der Löwe hatte mit Hunderten seinesgleichen in einer Tonne im sogenannten schwedischen Möbelhaus gelegen. Kopfüber, kopfunter hatte man sie mit verdrehten Beinchen da hineingestopft und an strategisch günstigen Stellen platziert. Verkaufsprofis nutzten so das Innehalten ihrer Kundschaft, zum Beispiel an den Kassen. Da war genau der richtige Platz für Tonnen voll plüschener Sentimentalitätsappelle. Quengelware für Erwachsene. Nie im Leben kaufe ich mir ein Stofftier, hatte ich geschworen, auch wenn die im Lauf der Jahre immer schöner, immer perfekter, immer berührungsfreundlicher geworden waren. Meine Kindheitstiere hießen nicht nur Steiff, sie waren es auch, ein würdevoller Zoo mit wenig Zärtlichkeitspotential. Ich hatte mich schon vor der Pubertät ohne Bedauern von ihnen getrennt. Ersatz brauchte ich nicht.

*Du hast mich trotzdem gekauft,* sagt der Löwe. *Warum gerade mich?*

Er will hören, dass er besonders ist, jedes Wesen will das hören. Aber das war er nicht. Es lag nur an seiner Blickrichtung. Diese Löwencharge – miezekatzengroß, Schlabberbeinchen, perfektes Gesicht – war mit Stoffaugen geliefert worden, stumpf und melancholisch und viel lebendiger als Glasaugen, vor denen ich mich immer etwas gefürchtet habe. Mein Löwenexemplar hatte mich mit diesem stoischen Blick direkt aus seiner Massentierhaltung heraus angesehen und damit meinen Widerstand gebrochen.

Das gehört zum Geschäftsmodell, ich bin ja nicht blöd. Es sind selten Kinder, die voll sehnsüchtigem Mitleid und Rettungsimpuls an den Tiertonnen verharren, es sind ältere Menschen, die verstohlen einen plüschenen Gefährten oder vielleicht auch eine Gefährtin da rausklauben und dann an der Kasse sagen, das ist ein schönes Geburtstagsgeschenk für meinen Enkel, obwohl sie keiner danach gefragt hat, warum sie den Stoffhund mit der roten Zunge, den Pinguin oder ebenden Löwen kaufen.

Eine Nachbarin von mir hatte ihr ganzes langes Leben hindurch Jagdhunde, mittelgroße, zottelige, braunweiße Hunde, Generationen von ihnen. Sie hießen immer Ole und waren fröhlich und laut. Ein Foto aus ihrem letzten Lebensjahr zeigt sie mit einem zotteligen braunweißen Stoffhund neben sich, ihrem letzten Ole. Sie hat, glaube ich, nicht bemerkt, dass dieser Hund still und unbeweglich war. Ihr Blick auf ihn zeigt die gewohnte Zuneigung.

*Hättest du lieber einen Hund gehabt?*, fragt der kleine Löwe.

Dann hätte ich nicht dich mitgenommen, antworte ich. Drei Tonnen weiter gab es jede Menge Hunde. Sehr hübsche. Mit roten Zungen. Ich wehre mich stumm gegen den Verdacht, er sei ein Stellvertreter für etwas Lebendiges. Aber das ist er, und das sind sie alle, die stummen Tiere, die in Altenheimen auf Betten sitzen oder in täglich gleicher Ordnung auf Tagesdecken von Witwen ausgebreitet werden oder als letzter Trost auf Intensivstationen dürfen.

*Ich sehe schon ganz schön abgenutzt aus,* sagt der kleine Löwe, und ich kann nicht erkennen, ob mehr Stolz oder mehr Angst in seiner Stimme liegt. Abgenutztheit kann ein Zeichen von Liebe sein. Es kann aber auch heißen, da muss was Neues her. Er weiß nicht, worum es geht. Ich aber schon.

Ich würde dich niemals wegschmeißen, sage ich. So marode kannst du gar nicht sein. Immer wieder habe ich orangefarbene Engel beobachtet, Müllwagenfahrer, die entsorgte Stofftiere in ihre Wagen gesetzt hatten. Es war ein liebevoller Umgang mit den ausgesetzten Stofftieren zu erkennen. Etwas, das lebendig aussieht, sollte man nie wegwerfen, schienen die Abfallexperten zu wissen. Etwas, das abgeliebt aussieht, erst recht nicht.

Was mit den nicht verkauften Stofftieren in ihren Tonnen geschieht, ist für mich ein großes Geheimnis. Vielleicht ist es so, dass die Konzerngötter aufgrund von Algorithmen beschließen, Löwen sind jetzt aus der Mode und das Zeitalter der Ponys oder der Schildkröten bricht an. Werden dann die Löwen oder die Hunde mit ihren roten Zungen weggeworfen? Recycelt? Nach Afrika geschickt oder hier an arme Kinder verschenkt? Oder landen sie mit großem Nachhaltigkeitsgetöse bei den sogenannten Retourenjägern, denen es vollständig egal ist, ob sie tausend Kaffeemaschinen, Verdi-CDs oder eben Stofflöwen verramschen?

Ich werde ihm nicht erzählen, dass ich schon seit langem den Kopf wegdrehe, wenn ich an den Tonnen voll plüschener Fauna vorbeikomme. Welche Spezies auch gerade auf den Markt geworfen wird – sie sind immer perfekter gemacht, nicht, was anatomische Korrektheit betrifft, wen interessiert die schon –, sondern was ihre Liebenswürdigkeit angeht. Ich kann diese Blicke und die verdrehten Pfoten nicht sehen, die flehen und winken, ja, ich weiß, das ist alles großer Quatsch. Aber er funktioniert perfide gut, also schau ich weg, wie bei so vielem. Außerdem habe ich meinem Löwen versprochen, dass ich stofftiermonogam bleibe. Sonst gäb's vielleicht kein Halten mehr.

# Boah!

Sie meldet sich mit erstickter Stimme aus der hintersten Ecke meiner Kommodenschublade. Ja, ich weiß, dass sie da immer noch ist, eingewickelt in dünnes Plastik mit haufenweise alten Seifenresten gegen Motten. Sie wäre längst weg, wenn ich jemanden kennen würde, der sie hätte haben wollen. Eine schwarze Straußenfederboa.

*Du kanntest doch wohl irgendeine interessante Dragqueen, die scharf auf mich gewesen wäre?*, fragt sie spöttisch.

Damit möchte sie mir wohl zu verstehen geben, ich hätte früher interessantere Bekannte gehabt und sei im Lauf der Jahre etwas verspießert. Das ist sicher so, aber dafür haben sich noch mehr Gründe angesammelt. Eine Boa, gemacht aus Federn, die an jemand anderen gehören, fremden Federn, im Wortsinn. Sie war ein dekadentes Mitbringsel aus Südafrika, in den Achtzigern, diesem immerwährenden Karneval.

*Lass mich raus und schau, wie schön ich bin!*, zischt es unter meinen Unterhosen hervor. *Ein einziges Mal hast du mich in all den Jahren umgehabt, im Pique Dame, im tiefsten Bahnhofsviertel. Hattest dir wohl einge-*

*bildet, mit mir um den Hals gehörst du für einen Abend dazu. So ein Quatsch. Sie haben über dich gelacht.*

Tja, deswegen bist du jetzt da, wo du bist, sage ich und versuche, nicht an den längst versunkenen Abend zu denken. Boas sind überhaupt so eine Sache. Meine peinliche Fuchsboa habe ich verschenkt, nachdem eine Frau an einer Theke in England sie *disgusting* genannt hatte. Echter Pelz! *Disgusting*! Sie hatte ja recht.

Tierleichen öffentlich spazieren führen darf man nur noch in Ländern, in die man gar nicht möchte. Wie das mit Straußenfederboas ist, weiß ich nicht.

Vielleicht verschenke ich dich an den Opernfundus, sage ich zu meiner eingesperrten Federnpracht.

*Nein,* antwortet die, *da bleibe ich lieber hier, anstatt in irgendeinem Schuppen mit Horden von gefärbten Hühnerfedern zu hängen und auf die nächste Operette an Silvester zu warten.*

Sie ist eigentlich ein unbrauchbares Accessoire. Man ist für sie entweder zu jung oder zu alt, die neue Mode, dass sich ehemalige sogenannte Stars mit Netzstrümpfen und Boas auf Zeitschriftencovers zeigen, macht das nur allzu deutlich. Alte Lolas aus dem Fotoshop und über der Boa noch eine Zigarettenspit-

ze, wobei diese Kombination der sicherste Weg zu einer Brandkatastrophe ist.

Na, komm raus, sage ich, aber danach musst du wieder zurück, bis mir ein neuer Job für dich eingefallen ist. Ich höre sie schweigen. Wahrscheinlich hat sie Angst, dass ich es mir anders überlege.

Schön ist sie wirklich, es erstaunt mich immer wieder, was die Farbe Schwarz für ein reiches Spektrum hat. Mehr als zwei Meter lila und pfauengrüne und blaue Lichter auf den üppigen Federn, an beiden Enden je eine in Seide geknotete Quaste. Sie klingt natürlich nach Walzer, aber nicht wie Strauss, eher wie Ravel. Umlegen will ich sie nicht, obwohl sie nach Jahren im Seifenbett wirklich gut riecht.

*Probier es doch einfach*, sagt sie, *was soll denn schon passieren?*

Ja, was soll denn schon passieren. Nichts, das ist es ja. Es ist wie mit alten Ballkleidern oder Hochzeitskleidern, vor Motten kann man sie bewahren, vor den unwiederbringlichen Erinnerungen, die wie tote Fische an die Oberfläche der Gedanken treiben, nicht. Was das schöne Schwarzfederding betrifft, habe ich nur die etwas peinliche Barnacht im Bahnhofsviertel als Erinnerung zu bieten, da hätte sie wirklich mehr verdient. In den Fundus will sie also nicht, Ebay kommt erst recht nicht in Frage, da würde mich der Federboafluch treffen. Politisch korrekt ist sie sowieso nicht, also kann ich sie nicht einmal beim Kinderfasching loswerden. Nicht auszudenken, was mir da von Müttern und Kindern an den Kopf geworfen würde, die armen Strauße! *Disgusting*!

Und war in Südafrika nicht überhaupt noch Apartheid, als dieses Danaergeschenk gemacht wurde? Von wem kam das Ding eigentlich? War es für meine Mutter gedacht oder für mich? Oder zum Teilen? Zahlreich sind die Anlässe zum Tragen einer so extravaganten Sache auch damals nicht gewesen.

Sie liegt da und glitzert schwarz mit ihren ringeligen Federn, üppig, herrlich und störend.

*Wie die Hälse aussehen, um die ich mich lege, ist vollkommen egal. Das solltest du bedenken*, sagt sie.

Das ist ebenso unverschämt wie richtig. Aber es

wird ihr nicht helfen. Sie passt leider in keinen der gewissensreinen Begriffe, die gerade in Mode sind. Nachhaltig ist sie wohl, was immer das heißen mag. Ein geerbter Ozelotmantel ist auch nachhaltig. Es kann ihn nur niemand mehr tragen, ebenso wenig wie dieses prachtvolle Ding vor mir.

Vintage, sage ich, wenn du wenigstens vintage wärst. Aber das bist du auch nicht.

Wo ist eigentlich dein Anfang und wo dein Ende? Meine Fuchsboa hatte einen Kopf, und das Maul war die Verschlussklammer.

*Ich habe zwei Anfänge und kein Ende*, sagt sie trotzig. *Was ist vintage?*

Wenn ich das nur so genau wüsste, antworte ich. So was wie eine neue Chance. An die glaube ich bei dir aber nicht, sorry. Vielleicht finden wir doch irgendwann eine Dragqueen, die dich adoptiert. Aber Schwarz ist für die vielleicht eine heikle Farbe. Zu traurig. Ich hab Olivia Jones nie mit Schwarz gesehen.

*Ich habe alle Farben*, sagt sie, während ich sie sachte zusammenrolle und neue Seifenstücke für sie auf frische Folie arrangiere.

*Ich habe alle Farben für die, die sie sehen können. Vergiss mich nicht wieder.*

# Erlaubnis

*Woher komme ich? Wozu bin ich da? Und wohin gehe ich?*, fragt das kleine, alte Dokument, das ich bei der Suche nach einem anderen Dokument zutage gefördert habe. Augenblicklich vergesse ich, wonach ich eigentlich gesucht habe. Der graue Lappen. Mein Führerschein.

Ja, die berühmten drei Fragezeichen, sage ich zu ihm. An denen sind schon ganz andere als du und ich gescheitert. Woher du kommst, weiß ich allerdings noch. Es war Ende Dezember, in Mainz, und vor der Prüfung habe ich gebetet, dass es endlich hell werde, weil ich keine Ahnung hatte, wie man die Scheinwerfer anmacht. Mehr als ein halbes Jahrhundert ist das her, ich konnte damals nicht Auto fahren. Daran hat sich nichts geändert.

*Andere können das auch nicht und machen es trotzdem*, sagt mein Führerschein anklagend. *Warum ist bei dir nie was normal gelaufen? Mich, frisch und neu, wie ich damals gewesen bin, ans Herz drücken. Alte Dose auf Pump kaufen und ab über den Brenner nach Italien! So hätte sich das gehört!*

Ich habe nie aufgehört, mich vor dem Fahren zu

fürchten, aber das sage ich ihm nicht, diesem ungenutzten Ticket zur Freiheit. Warum ich es damals haben wollte, weiß ich nicht mehr. Wozu war es da? Die zweite existentielle Frage.

Weil es dazugehörte. Weil die Zeit, in der man Nichtfahren cool finden würde, in unvorstellbarer Ferne lag. Weil es ein Gebot der Fairness war, dass man einander mitnahm, zum Schwimmen oder zum Trinken, und sich nicht immer nur mitnehmen ließ. Zweimal habe ich mir eine alte Rostlaube gekauft; zwischen den beiden lagen zwei Jahrzehnte und ein paar zusätzliche und völlig nutzlose Auffrischungsfahrstunden. Sie brachten überhaupt nichts,

dabei liebe ich Autofahren. Nur eben passiv. Als Beifahrerin von jemandem, der es kann und der nicht wie ich auf einer Fünfzehnkilometerstrecke einen Liter Angstschweiß verliert. Mein erstes Auto war ein hoffnungsfroher Käfer, ich fuhr ihn vielleicht zehnmal und verschenkte ihn dann.

*Und dann war mein Vorgänger weg,* sagt mein Führerschein, auf dem oben fast unlesbar das Wort ERSATZ gestempelt steht und der aussieht wie das vielgenutzte Dokument einer Fahrveteranin.

*Du hast mich also doch gebraucht.*

Ich habe gedacht, dass es ohne dich nicht geht, sagte ich. Obwohl ich die ganze Zeit wusste, es muss gehen. Es gibt Fähigkeiten, ohne die das Leben schöner, leichter und lustiger ist, jedenfalls für mich. Was mich nicht daran hinderte, den ERSATZ zu beantragen – weiß der Himmel, welchem Umzug das Original zum Opfer gefallen ist –, einen schwerfälligen Automatikgolf zu kaufen und die Sache noch mal anzugehen. Falsch verstandener Stolz – dabei wusste ich doch längst, wie ich mir die Wonnen des Individualverkehrs verschaffen konnte, ohne dafür Talente zu brauchen, die ich nicht hatte. Taxi!, hieß der Zauberruf.

*Das hätte ich eigentlich wissen sollen,* sagt mein Führerschein, *ich muss mir ja nur mein Foto, also dein*

*Foto, anschauen. Ein Bild der Verzweiflung. Du wolltest von Anfang an nicht mit mir zusammen sein. Wir wären eine Verantwortungsgemeinschaft gewesen. Das wolltest du nicht.*

Taxifahren fanden und finden viele, vor allem in meiner Generation, dekadent und unnötig luxuriös, aber für mich ist es einfach eine großartige Erfindung. Wie eine folgenlose, aber höchst angenehme Liebschaft. Man kann in der Gegend herumschauen und gegebenenfalls getrunken haben, und in fremden Ländern profitiert man von Kenntnissen der Fahrer, die einem Dinge zeigen, in deren Nähe man ohne sie nicht einmal gekommen wäre. Man lernt gemütlich komplizierte Familienverhältnisse und noch kompliziertere Religionen kennen. Das Taxi ist manchmal eine Art Missionsstation, die den Vorteil hat, dass man zahlen und aussteigen kann. Man braucht nicht über Rostschäden und Versicherungen oder steigende Benzinkosten oder Parkplätze oder Prestige nachzudenken. Man steigt ein, und selbst wenn man nicht genau weiß, wohin man will – *irgendwie da rechts von der Kirche* – mir jedenfalls ist es noch nie passiert, dass ich nicht irgendwo angekommen wäre, wo es mir gefiel. Mein Vertrauen in die Profis ist nie enttäuscht worden, und ich habe vielen viel zu verdanken. Vom verborgenen Schildkrötenteich bis zur versteckten Madonna oder Moschee. Wie fast allen Menschen, die nicht Auto fahren können, macht es mir wenig aus, wenn rustikal gefahren wird. Taxi in Rio oder Istanbul, auf einer Piste oder in einem Flussbett, alles unvergesslich, nur ein fliegender Teppich wäre dem Taxi vielleicht überlegen.

*Du hast dich aber immer über die Gerüche beschwert, du hast sogar mal gesagt, dass du mich deswegen wieder aktivieren würdest*, sagt mein Fahrerlaubnispapierchen unwirsch. Der Punkt geht an den Grauen, aber ich kann ihn mir gleich wieder zurückholen.

Hast du mal in die sogenannten Öffis reingerochen?, frage ich. Allein das Wort. Die Wahl zu haben zwischen *vielleicht* Knoblauch oder Koriander und *ganz sicher* ungewaschenen Klamotten ist ein Privileg. Das weiß ich sehr zu schätzen.

*Und wohin gehe ich?*, stellt er die letzte der drei Fragen.

Nirgendwohin, antworte ich und streichle über sein narbiges, altes Papier und die durchgedrückten Ösen. Du bleibst, wo ich bin. Das ist das Schöne daran, wenn man etwas nicht kann – man braucht sich nicht davon zu verabschieden. Ich muss dich nicht *abgeben*.

*Theoretisch könnten wir uns einen Lamborghini*

*kaufen und in den Sonnenuntergang fahren*, sagt der Lappen zufrieden.
 Könnten wir, antworte ich.

# Vier Augen?

Jeden Tag ging ich an dem Laden vorbei, *Brillen-Gillen* hieß er. Das kleine Brillengeschäft lag auf meinem Weg zur Arbeit. Einer der beiden etwas unheimlichen Chefs stand immer vor der Ladentür und sagte: Eines Tages kommen alle zu uns! Es klang bedrohlich, gleichzeitig aber auch ein wenig komisch. Die konnten lang reden. Ich sah scharf. Warum sollte ich sie je brauchen? Die beiden waren schwer voneinander zu unterscheiden und erinnerten mich an den spukigen Coppelius, den Brillenhändler aus *Hoffmanns Erzählungen*.

*Und dann kam er, der Tag!*, sagt meine erste Brille, die ich unter Dutzenden anderen hervorgeholt habe. Sie unterschied sich von ihren Nachfolgerinnen, weil sie modisch sein wollte, wie etwas, das man möchte und nicht etwa braucht. Keine Sehhilfe. Ein Augenschmuck.

*Du wolltest mich nicht. Du hast sogar geheult, als ich in dein Leben kam. Dass du dich nicht schämst!*

Ich schäme mich ja dafür, dass ich damals vor dem Laden mit seinen dämonischen Menschenfängern – eines Tages kommt ihr alle – Rotz und Wasser geheult habe, zumal es nicht daran liegen konnte, dass ich noch nie etwas auf der Nase sitzen hatte. Im Gegenteil – ohne Riesensonnenbrille, die damals in Mode waren, ließ ich mich selten blicken, ich hatte Dutzende. Sie halfen gegen durchgefeierte Nächte und sonstigen Schlafmangel, sie ließen uns – und wir trugen sie fast alle – geheimnisvoll und reich und weltläufig und noch so einiges aussehen. Je größer sie waren, desto besser. So duster konnte es kaum sein, dass ich mein Pucci- oder Gucci- oder Kaufhofmodell absetzte. Sehen konnte ich damit aber nicht gut, überhaupt wurde die Welt immer verschwommener, und eines Tages konnte ich keinen Faden in eine Nadel kriegen. Da hatte ich einem Herrn ganz lässig einen Knopf annähen wollen und stocherte stattdessen hilflos im Nebel.

Brillen-Gillens geduldiges Warten hatte endlich ein Ende. Ich hätte woanders hingehen können, aber auf die Idee bin ich gar nicht gekommen. Ich traute diesen beiden Coppeliussen Augenflüche zu. Welcher von beiden mir meine Zwangsbrille, leider unvermeidbar, anmaß, weiß ich nicht mehr. Er ließ mich auf jeden Fall seinen Sieg spüren. Soweit ich ihn verstand, hätte ich beim bejammernswerten Zustand meiner Augen praktisch in den Windeln schon eine Brille tragen müssen. Auf meinen Einwand, davon hätte ich aber nichts gemerkt, entgegnete er, das sei ja das Schlimme. Es hätte mir wohl von Anfang an die nötige Überwachung gefehlt. Ich fühlte mich wie dem tiefsten Prekariat gerade noch so entronnen.

*Ich bin schöner als alle, die nach mir kamen,* sagt meine Erste zufrieden. *Burgunderrote Fassung, goldene Bügel, wirklich aristokratisch. Da hattest du noch nicht kapituliert. Aussehen und Sehen geht zusammen, das siehst du doch an mir. Alle nach mir, diese lächerlichen Unsichtbaren – so was von Feigheit.*

Es steht ihr nicht zu, dieser altmodischen Sehhilfe, mit der ich längst nichts mehr sehen kann, meine späteren Entscheidungen derart herunterzumachen. Ihre Nachfolgerinnen glichen einander alle, sie waren so unsichtbar wie möglich. Kein Rand, dünne Bügel, ein ziemlich teures Nichts, jede von ihnen.

Ich wollte sehen,

nicht

mehr unbedingt gesehen werden. Statementbrillen wie die von der hundertjährigen Iris Apfel fand ich clownesk. Auch manche älteren Männer machten den Versuch, mit brechtisch angehauchten oder rotgetönten Brillen dem Alter eine Pointe abzuluchsen. Das kam für mich nach dem ersten Versuch nie mehr in Frage. Aber das sagte ich meiner Ersten nicht, ich wollte ihr die Hoffnung auf eine Wiedergeburt mit neuen Gläsern nicht nehmen.

*Du hast mir immer noch nicht erklärt, warum du damals vor dem Laden so geheult hast*, sagt sie.

Das kann ich nicht erklären, antworte ich.

Jedem Menschen begegnet es wohl anders, dieses Vorbeigefühl. Das Niewiedergespenst. Die Lebenskrücke. Die eine hat's, wenn sie nicht in einen Club gelassen wird, und der andere beim ersten Blechschaden, an dem er selber schuld ist. Oder beim Auszug von Kindern. Oder bei den ersten grauen Haaren. Oder beim runden Hinterkopfflecken, von dem man weiß, was er werden wird. Oder wenn in der U-Bahn jemand aufsteht. Oder an der Supermarktkasse, wenn man die Münzen verwechselt und ein Seufzen die Schlange entlangweht. Manchen widerfährt dergleichen unter vierzig, anderen nie. Bei mir war es ebendie Sache mit der Brille. Ein Urteil war gefallen, von dem ich dachte, es träfe nur die anderen.

Du bist nur eine Metapher, sagte ich tröstend zu meiner ersten zum Sehen gedachten Brille, die ein wenig kokett daherkam. Das war meiner damaligen Verzweiflung geschuldet.

*Was ist das?*, fragt sie.

Ich schaute sie durch ihre Nachnachnach-usw.-folgerin an. Es würden hoffentlich noch ein paar kommen.

Vergiss es, antworte ich.

# Flower Power

*Ich habe mich gut gehalten*, sagt die Gartenschaufel selbstgefällig.

Kunststück, antworte ich, du hast in all den Jahrzehnten ja auch kaum was tun müssen.

Auf sie passt das Kinderdiminutiv *Schäufelchen*, sie taugt höchstens zum Eingraben kleiner Pflanzen in kleine Eimerchen, außerdem ist sie weiß mit einem Rosenmuster.

Dinge wie sie gab es in sorgloseren Zeiten oft, Arbeitsgeräte, die eher Dekorationsstücke waren, sie sollten ein leichtes Leben vorgaukeln und dass Arbeit und Spiel Geschwister seien. Das Leben ein Tanz mit Blumen im Haar und Traumqualm drum herum. Dem allem habe ich schon in den pseudoseligen Zeiten nicht getraut. Das ganze Dasein ein einziges Blumenmeer, es breitete sich über Kleider, Gardinen, Bettwäsche, Schlagermusik und eben auch Gartenschaufeln aus. Die blumenreiche Designerin Laura Ashley war die Priesterin und lebenslange Niedlichkeit das Versprechen. Ich kenne eine Fünfundachtzigjährige, die sich immer noch so anzieht.

Vielleicht schicke ich dich zu der, sage ich zu meiner Schaufel. Sie wohnt auf Ibiza. Das würde doch passen.

*Warum ihr seit Jahren denkt, etwas Nützliches dürfe nicht hübsch sein, begreife ich nicht,* sagt die kleine Rosengemusterte.

Denken wir das? Oder ist das die sachte, längst begonnene Abkehr vom dekorierten Leben? In der Geschichte der Menschen und ihrer Gegenstände ist es immer hin und her gegangen, Schmuck folgte Schlichtheit und umgekehrt. Und für manche Menschen wäre der Verzicht aufs Schmücken eine Art Sterben.

*In Wahrheit bin ich ein Ansporn,* sagt das Gartenschippchen. *Die Rosen auf meinem Stiel und dem Schaufelblatt sind doch schön, solche werden bei dir wachsen, wenn du fleißig mit mir gräbst.*

Das ist kein Ansporn, sondern Kitsch, antworte ich. Solche Rosen kriegt man, wenn man sie kauft, und du kannst graben, so viel du willst, im nächsten Jahr sind sie deutlich magerer, wenn sie überhaupt noch kommen und nicht Rost und sonst was an ihnen wütet. Außerdem bist du zum Roseneingraben viel zu klein. Da würdest du auseinanderbrechen.

Ein paar Erdspuren trägt sie doch auf ihrer weißen Emaillehaut. Woher, weiß ich nicht. Habe ich sie überhaupt je

benutzt? Die aufgemalten Rosen sind ziemlich naturalistisch, mit echt aussehenden Blättern und Knospen, es könnte sich um rote Zentifolien handeln.

*Weißt du eigentlich, wie selbstgerecht du bist?*, sagt sie aufgebracht. *Was hübsch aussieht, kann nichts können. Wie traurig, und so altmodisch, dieses Vorurteil. Dabei bist du nur neidisch und verkaufst das als Sachlichkeit.*

Vielleicht hat sie recht, aber das gebe ich so nicht zu. Die Probleme liegen viel tiefer, als eine kleine Schaufel graben kann. Das Unbekümmerte, das Bunte, das Unernste, das Augenblickliche – wann ist es mir suspekt geworden? Einfach den Tag oder die Stunde oder die Sekunde pflücken,
mit

einem Lachen, und sich an freundlichen Sinnlosigkeiten wie einer rosenblütigen Schaufel freuen? Ist die Welt zu ernst für dergleichen geworden oder bin ich es? Andererseits schlafe ich ja auch nicht in grabsteingrauer Bettwäsche und bin für etwas Farbenfrohes sehr dankbar.

*Es sind im Übrigen keine Zentifolien, die Rosen da auf mir*, sagt die kleine Schaufel. *Du könntest ruhig genauer hinschauen.*

Sie macht mich unbewusst auf etwas aufmerksam, das mir bisher noch nicht aufgefallen ist. In einer Hinsicht bin ich unbekümmerter geworden, geradezu dekadent und auf Nachhaltigkeit pfeifend. Beim Pflanzenkauf. Ist das Ausgewählte schnell vergänglich, umgehend verwelkt? Macht nichts, Hauptsache knallig und heftig, und es täuscht für kurze Zeit schiere Lebendigkeit vor. Wenn's hin ist, schnell was Frisches.

Die Rosen auf der Schaufel sind ein Abbild von Flüchtigem, eine haltbare Erinnerung. An merkwürdiger Stelle, zugegeben, aber immerhin dinglicher als die substanz- und duftlose Ewigkeit des Internets. Sie riecht ganz zart nach Erde, meine kleine Schaufel.

*Hör mal*, sagt sie. *Machen wir doch einen Deal. Für den dicken Spaten, seien wir ehrlich, fehlt's dir an Kraft.*

*Die Arbeit delegierst du schon längst an einen fremden bezahlten Spaten. Und was da sonst noch an schwerem Gerät bei dir hängt und steht, das ist doch viel mehr Dekoration, als ich es bin.*

Du meinst, wir beide, du und ich, passen nach all den Jahren endlich perfekt zusammen? Du mit deinem Rosenmuster und ich mit trotzigem Make-up? Und meinem Getue mit dir und kleinen Töpfen und nur nicht zu schweren Erdbeutelchen und einhändig tragbaren Pflanzen? Das kommt mir irgendwie rokokohaft vor, die waren damals auch im Niedergang. Fehlt nur noch das Gartenschürzchen.

Ich will ihr nicht zeigen, wie mich die Vorstellung deprimiert.

*Deswegen sehe ich ja aus, wie ich aussehe*, sagt sie. *Gegen die Depressionen.*

Auf dir blühen Damaszenerrosen, sage ich. Ich hab nachgeschaut. Eine Duftrose.

Sie lacht.

# Börsennotizen

*Ich habe noch Geld!*, sagt die verschrammte rote Geldbörse heiser, *auch wenn man mir das nicht ansieht.*

Wieder ein Ding, das ich nicht wegwerfen kann, aber auch nicht mehr benutzen. Sie war schon lange inkontinent gewesen, als ich mich entschloss, sie auszurangieren. Noch jetzt, Jahre später, finde ich in allen möglichen Taschen Münzen, die sie verloren hat. Zu reparieren war da nichts mehr. Macht ja auch niemand mehr. Aber wegschmeißen? Etwas, das man mal ein *Portemonnaie* genannt hatte und das außer Geld noch anderes Lebenswichtige beherbergt und beschützt hat? Das würde mit Sicherheit Unglück, Verarmung und schlechtes Karma bringen.

Wer je einen Geldbörsenumzug hinter sich gebracht hat, kennt das: Ein Stück intimen eigenen Lebens wird besichtigt. Manchmal auch wiederentdeckt. Es geht nicht nur um Scheine, Münzen und Scheckkarten, nein, da ist zum Beispiel eine erinnerungsbeladene Kneipenrechnung, eine Telefonnummer – wer war das eigentlich? Und schien doch so furchtbar wichtig, dass man mit schlechtem Gewissen ein Stück

Speisekarte abgerissen hatte. Der Perso ist abgelaufen, ohne den Börsenumzug hätte man das gar nicht bemerkt. Museumsausweis, ach, da könnte man eigentlich auch mal wieder hingehen. Ein Dutzend Ausstellungen sind an ihm und damit an mir ungesehen vorbeigegangen, ganz wichtige. Nun bekommt er eine neue Chance, vielleicht.

*Schließlich hat das alles mal Geld gekostet,* sagt das alte rote Portemonnaie. *Mein Geld.*

Der Ausweis vom Botanischen Garten galt schon drei Jahre nicht mehr, und ein Rezept war da auch noch. Die Krankheit schien sich damals ohne das verschriebene Medikament selber geheilt zu haben.

*Ich habe ein paar Sachen behalten, nicht nur Geld,*
   sagt das alte Portemonnaie hämisch.

Ich hatte sie dir gelassen, damit

du nicht leer herumliegen musst, antworte ich. Auch das Geld. Ein Wunder, dass noch was übrig ist, du konntest ja die Münzen schon lang nicht mehr halten.

*Immerhin drei Euro neunundfünfzig*, sagt es. *Du bist unhöflich. Man macht sich nicht über Verfall lustig. Es gab Zeiten, da wärst du froh um das Geld gewesen, und jetzt ignorierst du es einfach. Außerdem sind das kleine Origamischiffchen und so einiges andere in meinen Seitenfächern.*

Immerhin Euro. Die Zeiten, von denen sie meint, sich auszukennen, zahlten noch mit Mark. Man hat immer eine von denen bei sich, Börse, Portemonnaie, Geldbeutel, Brieftasche. Was davon klingt eigentlich reicher? Schwer zu sagen.

Meine waren immer rot, von der ehrwürdigen Firma Picard. Aktuell kosten sie neunundachtzig Euro fünfzig. Ich habe nachgeschaut, weil das derzeitige Portemonnaie auch bald alt und hinfällig sein wird. Eins wie meins knallrot und jungfräulich im Internet erscheinen zu sehen, *sofort lieferbar*, beruhigt mich. Ich habe es gern, wenn sich nichts ändert. Unlängst gab es das Gerücht, die Firma sei pleite. So was glaubt man in diesen Tagen bereitwillig, weil so vieles pleitegeht, von dem man es nie für möglich gehalten hätte.

*Ganze Bankkonten werden geklaut,* sagt die rote

Börse stolz. *Nicht nur unsereins. Wie oft habe ich schon fremde Hände in deine blöden Handtaschen kriechen sehen, während du mit irgendwem über Rasendünger oder neue Tulpenzwiebeln gequatscht und nicht auf das aufgepasst hast, was wirklich wichtig ist: auf mich! Im letzten Moment ist es dann immer gut gegangen, aber was heißt das schon. Eines Tages passiert's.*

Da fällt mir ein, dass ich mein derzeitiges Portemonnaie schon länger nicht gesehen habe. Zuletzt lag es in der schwarzen Tasche. Oder im Korb? Wann war ich in der Gärtnerei? Gärtnereien ließen mich schon immer unvorsichtig werden, das ist leider so, gut von ihr beobachtet. Was, hat sie gesagt, hat sie noch an Bargeld?

*Es sind sogar drei Euro zweiundachtzig*, meint sie, als könnte sie meine Gedanken lesen. Vielleicht kann sie das ja.

*Für einen Neuanfang ein bisschen bescheiden. Mach voran. Der Zettel mit der Nummer, bei der man die Karten sperren lassen kann, steckt noch in einem von meinen Seitenfächern. Beim Umzug damals hast du gesagt, du machst einen neuen, weil meiner schon so zerfleddert ist. Hast du nicht gemacht in deinem Hochmut. Jetzt wirst du ihn brauchen, fürchte ich.*

Hör auf mit der Panikmache, sage ich. Du bist nur immer noch sauer wegen der Neuen. Auch wenn sie gerade nicht da ist. Warum kann eigentlich die nicht reden? Das wäre doch viel sinnvoller als dein nostalgisches Gemaule.

*Unsereiner lernt das durchs Warten*, sagt sie leise. *Wenn wir keinen Zweck mehr haben. Dann kommt das. Sprechen statt Sterben. Man überhört uns halt leicht. Die andere, die braucht das noch nicht. Die hilft dir auf keinen Fall beim Gefundenwerden. Sie hat sich vor dir versteckt, um mal ihre Ruhe zu haben, das Auf und Zu andauernd, das geht auf die Nähte. Und sie ist auch nicht mehr die Jüngste, andererseits glaubt sie nicht, dass sie deine Letzte sein wird. Also hält sie verzweifelt deinen ganzen Kram zusammen und hofft, dass ihr Reißverschluss mitmacht. Der ist bei uns eine Schwachstelle.*

Du hast auch das Gedicht noch, das traurige. Unter deinem Reißverschluss. Ich brauchte es beim Umzug nicht mehr. Es ist total zusammengekniffelt, Edna St. Vincent Millay, ein Sonett, wahrscheinlich erinnerst du dich nicht mehr dran.

*Von wegen*, sagt sie. *Das mit den vergangenen Küssen und mit dem Sommer, der kurze Zeit in dir gesungen hat und es jetzt bleiben lässt. Du wolltest es immer übersetzen, hast aber nichts Vernünftiges zustande gebracht. Wenn ich es richtig sehe, macht dir Weltschmerz keinen Spaß mehr.*

Du ahnst gar nicht, wie recht du hast, sage ich.
Aber er fehlt mir irgendwie.
*Diese Edna, die war darin unschlagbar*, sagt sie.
Anstrengendes, wildes Leben, antworte ich. Wahrscheinlich hat sie immer ihre Geldbörsen verloren. Da tut man sich leicht mit dem Weltschmerz. Und dann ist sie jung gestorben.
*Schön, dass ich das Sonett XLIII behalten kann*, kommt es leise von ihr. *Ich fühl mich ihm ähnlich.*

# Stillgelegt

*Weißt du, wozu ein Koffer da ist?*, fragt es links von mir. *Man packt etwas hinein, und dann nimmt man ihn mit auf Reisen. Ein Koffer ist da, weil man Vertrauen zu ihm hat. Dass er auf deine Sachen aufpasst, während du dir die Welt anschaust, und dabei nie fragt, ob sie das wert sind. Ein Koffer transportiert dreckige Wäsche genauso verschwiegen wie Geld und Gold. Aber er bedeutet Ortswechsel, Aufbruch, meinetwegen auch Flucht. Für das Horten von Krempel auf deinem Schreibtisch bin ich nicht gedacht. Tagein, tagaus der Blick in denselben blöden Busch.*

Dafür machst du den Job aber schon ziemlich lang, sage ich. Das ist übrigens ein Falscher Jasmin, der Busch. Und worauf du aufpasst, das ist kein Krempel. Das ist irgendwie mein Leben.

*Für einen echten Jasmin hat es wohl nicht gereicht*, sagt der Koffer. *Und dein Leben, dass ich nicht lache.*

Du könntest gar nicht lachen, selbst wenn du wolltest, dein Schloss ist nämlich zu, sage ich.

Er wird regelmäßig abgestaubt, aber in den letzten Jahren ist sein narbiger Deckel nur sehr selten aufgeklappt worden. Kommt halt nicht mehr so viel dazu, Fotos, Briefe. Und wer schreibt schon noch Karten.

Ich hatte immer ein Faible für Koffer, mittlerweile stehen alle bis auf diesen mit leeren Bäuchen und arbeitslos in meinem Keller. Ob sie Bilder von Meeresufern, Flughäfen und Amphitheatern als tröstliche Erinnerungen in sich tragen? Wer weiß? Du bist der kleinste, sage ich zu ihm. Ist eigentlich jemals jemand mit dir verreist?

*Ein Kind*, sagt er.

Weiter nichts. Ein Kind, das muss vor etwa hundert Jahren gewesen sein, so lange treibt er sich mindestens schon in meiner Familie herum. Ein Mädchen, Buben hätten sich geweigert, so ein Köfferchen zu tragen. Vielleicht hat dieses Gespenstchen von damals Puppenkleider oder Malstifte transportiert. Vielleicht falsche Pässe oder geklauten Schmuck. Er verrät nichts. Das ist seine Bestimmung und die seiner Kollegen im Keller.

Ich habe nur Koffer, die ich zur Not tragen kann, selber schieben, zerren, auf Berge von ihresgleichen werfen, sie verlorengehen sehen und wiederfinden. Dekadente Riesenreiseschränke, die andauernd zu rufen scheinen, wo denn das Personal bleibe, konnte ich nie brauchen, auch nicht die berühmten braungelben tragbaren Werbeflächen. Die jetzt da unten vergeblich warten, sind rot oder schwarz und taugen für zwei, drei Wochen Habe samt notwendigen Büchern. Auf dem Rückweg hatten sie manchmal weniger zu behüten, manchmal aber auch mehr. Am schwersten schlucken musste einer von ihnen mit einem aus Asien geschmuggelten Steinmönch. Manche tragen noch die Schleifen, die ich ihnen fürs Gepäckband umgebunden hatte, wie längst vergessene Ordensbänder.

*Hast du Angst vor mir?*, fragt es von links und reißt mich aus meinen Erinnerungen. *Ich meine, es muss doch einen Grund haben, warum du mich nie auspackst. Ab und zu kommt was dazu, immer seltener, aber du schaust nicht nach, was drunter ist. Das gehört sich nicht. Ein Koffer wird eingepackt und passt eine Zeit lang auf, egal auf was, und wird dann wieder ausgepackt und kann sich erholen und durchatmen. Und danach geht's von vorn los. So wäre es richtig.*

Ich verzichte darauf, ihm von den unzähligen Koffern zu erzählen, die nicht mehr ausgepackt worden sind.

Das Kind, das Mädchen, das ihn einst getragen hat, geht mir nicht aus dem Kopf. Und ja, ich habe Angst vor all dem, was er seit Jahren auf meinem Schreibtisch beschützt und unsichtbar hält. Es wundert mich immer wieder, wie wenig Platz vergangene Zeit einnimmt. Man muss sie nur einpacken. Wenn sie ausgepackt wird, kann es sein, dass sie einen überwältigt.

Du hältst deine Klappe, sage ich. Ich habe gerade keinen Nerv für Überraschungen. Ich könnte ihn zu den anderen im Keller stellen, aber damit wäre nichts gewonnen.

Als hätte er mich gehört, sagt er, *damit hättest du nichts gewonnen. Du würdest andauernd drüber nachdenken, was war. Und was davon übriggeblieben ist. Wenn du nicht mehr da bist, weiß niemand mehr, wer auf den Bildern ist, in den Karten, in den Briefen.*

Als ob er mich damit ködern könnte. Das ist mir seit langem klar und bisher hat es mir wenig ausgemacht. Was täten die Scharen von professionellen wissenschaftlichen Spurensuchern in ihren Instituten und Bibliotheken und Archiven, wenn man ihnen einfach sagen würde, die da

mit dem Hut ist Tante Else. Davon hätten sie nichts. Sie müssen entziffern und vergleichen, zuordnen und verwerfen, Verbindungen entdecken und andere revidieren. Ihre Welt ist ein wunderbares Finden und Suchen und Verlieren und Wiederfinden.

*Bis jemand dazu Lust hat, passe ich halt auf den Kram auf,* sagt er mürrisch. *Es bleibt mir ja nichts anderes übrig.*

Der Falsche Jasmin verliert schon die Blätter, siehst du?, sage ich. Im Frühjahr kriegt er neue.

Wir haben Zeit.

# Verloren auf immer?

*Bekomme ich jetzt endlich mein Schloss wieder?*, fragt der Schlüssel.

Ich hatte ihn im Schmuckkasten gefunden, wo er nicht hingehörte, vorher lag er mit ein paar Artgenossen beim Besteck, auch da auf dem falschen Platz. Das war das Problem mit ihnen, den Schlüsseln – ohne Schloss gab es für sie auf der Welt keinen richtigen Ort. Es gab Unmengen von ihnen. In jeder Wohnung, und niemand traute sich, sie wegzuwerfen. Vielleicht bekamen sie ja doch mal irgendwann ihre Schlösser zurück. Die lagen allerdings wesentlich seltener nutzlos herum.

Du hörst dich an wie ein Adliger nach der Wiedervereinigung, sage ich verlegen. Die wollten auch ihre Schlösser wieder.

*Warum auch nicht?*, antwortet er aufgebracht. *Wenn doch etwas zusammengehört.*

Er ist nicht fein, eher rustikal, einfach, schwer und stämmig. Handwerkerarbeit aus Schmiedeeisen. Ein schönes, ehrliches Teil. Sein vermisstes Schloss, wo immer es sein mag, wird dazu passen. Schnörkellos und unkompliziert.

*Ich weiß gar nicht mehr, wo es mal gewesen ist,* sagt er.
Was mag es beschützt haben, sein Schloss? Man kann es ihm nicht ansehen. Eine Kommode, einen Schrank, eine Kellertür von einst? Aus Zeiten, als das Verschließen noch als Zeichen genügt hat – für dich ist hier zu! Schlüssel umgedreht, das hieß Draußenbleiben oder Drinnenbleiben, je nachdem. Als noch nicht Codes und Plastikkarten und Passwörter und Datenfluten das Schützen übernommen hatten und dann selber beschützt und versperrt werden mussten, immer mehr und mehr – nein, der hier hat etwas ganz Einfaches verloren. Ein einziges Schloss. Seines.

Wie alle die, die immer noch herumliegen, in Schachteln und Schubladen und zu längst verschrotteten Autos, verlassenen Briefkästen und auf dem Sperrmüll gelandeten Schränken gehören, an die sich keiner mehr erinnert. Und an denen deshalb die Hoffnung klebt, sie alle könnten irgendwie und irgendwo noch irgendwann ein Schloss finden.
Ihr Schloss.

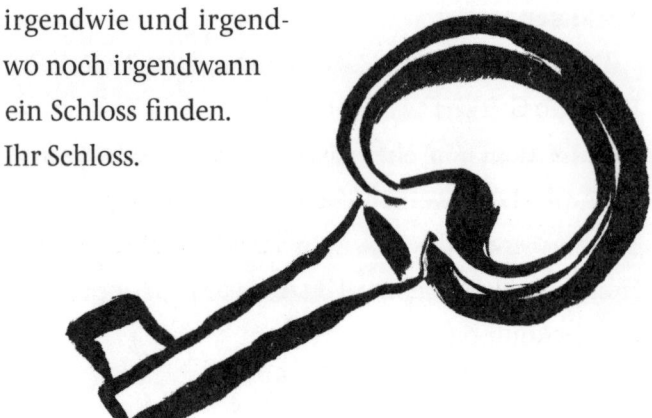

Das hat was von der antiken Hälftentheorie, sage ich zu ihm.

Er ist hübsch, wahrscheinlich hat ihn auch deswegen jemand aufgehoben. Ich war es nicht.

*Was soll das denn sein?*, fragt er mutlos. *Mir fehlt keine Hälfte, ich bin komplett. Ich weiß nur nicht, wo ich hingehöre.*

Da werde ich ihm nicht helfen können, aber das sage ich nicht. Stattdessen tröste ich ihn mit dem Internet. Das verspricht so vieles – eine leuchtende Gegenwart, Einsicht, Diagnosen, Weltverständnis, Liebe –, von allem natürlich auch das Gegenteil, man muss es nur auseinanderhalten können. Gar nicht so einfach.

Es gibt eine Art Tinder für Schlüssel und Schlösser, sage ich später in sein betrübtes Schweigen hinein. Das ist vielleicht ein bisschen schwierig, bis man ein Match findet, aber ich verspreche dir, ich werde mir Mühe geben.

Er schweigt. Es ist mir vorher gar nicht aufgefallen, dass sein Griff aussieht wie ein Herz, ein kleines Herz aus Eisen. Auf dem riesigen digitalen Marktplatz wird das vielleicht gut ankommen, es besteht aber auch die Gefahr, dass er für mich seine Einzigartigkeit verliert. Hunderte kleine eiserne Herzen, das wäre irgendwie entwertend.

*Es hat keinen Sinn*, sagt er, *es gibt da kein Match. Nett, dass du dich auf die Suche machen willst, aber das sind nur Bilder, die du finden wirst, nur armseliges Licht und kein ewiges Eisen. Auch wenn etwas wie mein verlorenes Schloss aussieht, ist es das nicht. Wenn man was wegwischen kann, ist es nicht wirklich. Gib dir keine Mühe. Da ist es schon besser, weiterzuträumen.*

Möchtest du wieder in die Besteckschublade?, frage ich. Da ist es vielleicht netter als hier auf meinem Mousepad. Außerdem liegen dort noch ein paar andere Schlüssel.

*Warum tust du mich nicht zurück zum Schmuck?*, fragt er. *Da könnte ich vielleicht die Sprache lernen. Mit den anderen Schlüsseln habe ich nichts zu tun. Die suchen keine Schlösser. Denen reicht ein blödes, armseliges Schlüsselloch.*

Gute Idee, das mit dem Schmuck, sage ich. Aber jetzt möchte ich dich gern noch ein bisschen hierbehalten. Wir haben uns doch gerade erst kennengelernt.

Vielleicht will ich nur verhindern, dass der Schmuck durch ihn auf dumme Ideen kommt und Stück für Stück erzählt werden will.

*Bleib ich halt noch*, sagt er. *Wenn du meinst.*

Das kleine eiserne Herz ist dabei, mich um den Finger zu wickeln.